《大学》的人生感悟

郭继承 ◎ 著

陕西新华出版
太白文艺出版社·西安

图书在版编目（CIP）数据

《大学》的人生感悟/郭继承著 . -- 西安：太白文艺出版社，2024.8. -- ISBN 978-7-5513-2663-6

Ⅰ . B222.15

中国国家版本馆 CIP 数据核字第 2024S6X239 号

《大学》的人生感悟
《DAXUE》DE RENSHENG GANWU

作　　者	郭继承
责任编辑	张　笛
封面设计	新艺书文化
出版发行	太白文艺出版社
经　　销	新华书店
印　　刷	涿州市京南印刷厂
开　　本	787mm×1092mm 1/16
字　　数	98 千字
印　　张	10
版　　次	2024 年 8 月第 1 版
印　　次	2024 年 8 月第 1 次印刷
书　　号	ISBN 978-7-5513-2663-6
定　　价	58.00 元

版权所有 翻印必究
如有印装质量问题，可寄出版社印制部调换
联系电话：029-81206800
出版社地址：西安市曲江新区登高路 1388 号（邮编：710061）
营销中心电话：029-87277748 029-87217872

目录

序	成就自我的内圣外王之道	1
一	持续地为人生做减法	001
二	安于当下的状态	005
三	养成心无旁骛的定力	011
四	打好人生高楼的地基	015
五	提升个人修为的次第	019
六	修身是成就人生的根本	023
七	给自己一个光亮的人生	027
八	永葆生机活力的秘诀	031
九	安身立命的根本	035
十	正视人性的弱点	041
十一	君子要有识人之明	047
十二	以人为本的事业发展之道	051
十三	开启心中的认知能力	055
十四	向万事万物学习生存的智慧	063
十五	擦亮心中本来就有的道心	067

十六	心广体胖的智慧	071
十七	修身先要正心	077
十八	把生活当作正心的道场	081
十九	不让过度的情绪蒙蔽智慧	087
二十	正心才能更好地齐家	093
二十一	以一颗赤子之心治家	097
二十二	成为社会风气的推动者	103
二十三	齐家是成就自我的基础	109
二十四	要懂得做人做事的规矩	113
二十五	把自己做成他人行事的典范	117
二十六	得民心者得天下	121
二十七	立德才是立世的根本	125
二十八	如何区分贤人与小人	129
二十九	德智兼备才能更好地用人	135
三十	拥有忠信的品德	139
三十一	不与民争利的根本	143

| 后记 | | 147 |

序

成就自我的内圣外王之道

　　《大学》原是《礼记》中的一篇。《礼记》对周代社会的政治、文化、教育、制度、礼仪、宗教、祭祀等各个方面进行了细致的阐述，是集大成的一本书。西汉时期，戴德为其做了整理，把原本一百多篇的《礼记》缩减成八十多篇。后来，他的侄子戴圣，重新对《礼记》做了调整，甄选了其中四十多篇，集结成现在流传的版本，人们将其称为《小戴礼记》。

　　到了宋代以后，有着"二程"之称的著名思想家程颢和程颐等儒家代表们很是推崇《中庸》和《大学》两篇文章。朱熹深受其影响，也认为这两篇是《礼记》中思想最为深刻的文章，能够较为全面地反映儒家的精神和智慧。他便将这两篇文章从《礼记》中单独摘录出来成书，与儒家另外两部经典著作《孟子》《论语》并称"四书"。这四部中国传统经典著作，各有各的价值，各有各的作用。

朱熹之后，尤其到了明代，由朱熹批注的"四书"成为科举考试的必备用书。由于这些经典作品离我们已有两三千年之远，中国社会发生了巨大变化，很多文献最初的指向和含义已无从考究。我们要学习这些经典作品，但不要纠结于一些细枝末节，而是要仔细探究蕴含其中的可以穿越时空的大智慧和真精神。当然，一些重大活动中的具体礼节如何安排，该如何着装，又该如何施礼等，我们也可以做简单的了解，只是不要把它们当成学习的重点。那些亘古不变的智慧和精神，是经历过时代的变化仍然闪耀着光芒的"大道"，充分反映了宇宙普遍存在的规律，历久弥新。

我们要带着谦卑诚恳的态度去学习，汲取中华民族几千年历史沉淀下来的精彩绝伦的智慧，以作为我们思考社会问题的基础和推进文化建设的理论依据。《大学》一书在政治文化方面，深得孙中山先生的认可和推崇。孙中山先生是近代革命的先行者，他幼时诵读儒家经典，后游历欧美，对中西方的政治文化均有较为全面的了解和亲身体会。他认为人类政治史上还没有哪一本书像《大学》那般凝练，对政治问题有深刻的思考，《大学》堪称中国"最有系统的政治哲学"。

我非常认同孙中山先生的观点。西方的亚里士多德、卢梭、洛克、孟德斯鸠，包括马克思等思想家，在很多政治学方面的思考，更多集中在制度层面。换言之，制度层面的建构和运作，是西方政治哲学或者政治思想非常重要的组成部分。但是，无论多么完备的政治制度，从建立、完善到最终的运作执行，其间涉及的每一个环节都是由人来完成的。因此，构建社会时，除了制度层面、法律层面的思考之外，还要重视对人的探索。如果对人的问题思考得不够深入，再规范合理的制度，往往也会成为空中楼阁，中看不中用。就像一个不会开车的人，即使拥有世界上性能最好的车子，又有多大的用途呢？

《大学》及其他中国传统文化典籍，对人的问题的思考最深刻，尤其对人的德行、智慧、能力、修为等方面的培养和提高琢磨得更多。这既体现了中华文化突出的优势，也对整个人类文化，包括政治文化，以及社会建设形成了极有利的补益。

《大学》与"四书"中的其他三部著作相比，有其鲜明的特色，内圣和外王是贯穿全书的重要思想和智慧。不管是中国，还是其他国家人才的培养，其核心内容总结起来都是《大学》所体现的内圣和外王。内圣是对人的内在的要求，即指导人们提升个人的修为，提升个人的智慧和德行；外王是对人的外在发展的要求，就是指导人们如何在社会上成就一番利国利民的事业。内在是基础、是条件，内在没有修炼到位的人，很难做出造福老百姓的事，很难做到外王。

有些所谓的道德教育、人格教育，往往流于"假大空"的方式，欠缺行之有效的具体做法和应对措施，不能更好地引导人、塑造人，以及教化人，提高人的智慧、德行和修为，以致教育出了许多双面人，嘴上说着冠冕堂皇的话，却行宵小之事。鲁迅先生曾借"口上仁义礼智，心里男盗女娼"这句话严厉地痛斥这些人。究其根本，是这些人的德行和智慧没有修炼到位。

有了行之有效的具体做法，如果不能实践，并持续做下去，再好的教育理念，仍然难以实现提高人的智慧和德行的目的，让教育流于表面。曾经有段时间，很多人把"听过很多的道理，依然过不好这一生"当作微信签名。为什么会听了很多道理，却依然过不好这一生呢？根源在哪里？我想，无外乎两点，一是没有行之有效的方法，二是没有贯彻下去的毅力。无论说出来的话多么冠冕堂皇，如果不能踏实地做事，也难以解决现实中的困难、改变自身命运。只有脚踏实地地提高智慧和德行，并努力踏实做事，命运才有可能发生改变。

从这个意义上说，《大学》这本书值得人们好好去读，要充分认识《大学》在今天社会的重要意义。它把内圣和外王有机地结合起来，对于如何提高人的修为，提出了切实可行的方法。并且，这些方法具有超越时空的意义，适用于任何时代希望有所改变的人，这是《大学》对整个人类的一大贡献。

非常感谢大家跟我一起学习《大学》这本书。通过对这本书的学习，您将体会人是如何实现"明明德于天下"的。期待您在日后的生活工作中，能不断提高自我的德行和智慧，承担起社会责任，达到内圣和外王的和谐统一，从而实现个人发展与社会进步的有机结合。

| 一 |

持续地为人生做减法

大学之道,在明明德,在亲民,在止于至善。[①]

《大学》的开篇,便开宗明义指出了《大学》的宗旨,即"大学之道,在明明德"。大学的"道",存乎于人们心中,是人们心中本来就有的光亮的德行。这里所谓的"大学之道",是相对"小学之道"而言,朱熹在给《大学》做注解时有一个说明,主要意思是:人们在十五岁之前,要学习的内容为"小学之道",主要学习礼仪和学做一些力所能及的事情。比如:早晚向家中的长辈问好;起床后帮助家人洒扫庭院,搬挪椅凳;还要学习骑马、音乐、诵读、书写等技能和文化知识。这些是人们能够更好进入社会的基础。到十五岁之后,则要

---

① 本书《大学》全文引自王国轩译注《大学·中庸》,中华书局,2016年版。——编者注

尝试学习思考人生之类较为深刻的话题，朱熹把这个阶段的学习称为"大学之道"。"在明明德"中的第一个"明"字，是使动用法，是使什么光明起来的意思；第二个"明"是形容词，光亮的意思，这里指人的光亮德行。"大学之道，在明明德"明确了人们修行的途径和方法，就是要人们找到自我心中本来就有的光亮的德行。

世上很多道理是相通的，《大学》提出的"明德"思想，类似于佛教中人人都有的"佛性"。人们修习佛法，不断寻找"佛性"的过程，就是"明明德"。《道德经》说："为学日益，为道日损。"要求学道之人要学会为自我的心灵做减法，不断减去遮挡心灵的污垢，这个过程也与《大学》里"明明德"的过程相通。包括《中庸》中的"天命之谓性，率性之谓道"的思想，也与《大学》中"明明德"的思想相通。实际上人们都有一颗积极向上而且光亮的"心"，可以称之为"佛性"，或者"道心"，或者"明德"。找到它，并且能够把它发扬光大，也就是"明明德于天下"。

所谓"在亲民"，古代文人贤者对这句话的理解各不相同，程子认为"亲"应该写作"新"，朱熹也认为"亲民"即是"新民"，取"弃旧图新，去恶从善"之意。明代王阳明则有不同的看法，他认为"亲民"，是"爱民"，要用一颗爱民如子的心，真诚地对待人民。我个人是认同王阳明的说法。在我看来，"明明德"与"亲民"之间，存在必然的逻辑关系。如果一个人的心里有很多自私，有很多"污垢"没有清理时，他的每个起心动念都是想着怎么对自己好，不怎么希望别人比自己过得好，也就很难全心全意地为人民做事。如果他能够"明明德"，做到内心清净，内心的德行也就会光亮起来，人就不会那么自私，甚至完全不自私了。这样的一颗心，能够心怀天下，仁爱众生，也一定能够"亲民"，全心全意为人民做事。中国共产党"全心全意为人民服务"的宗旨，就符合中国文化的需要，必然能够得到人民的拥护。

"止于至善"，这里的"至善"，即最高的善，与《中庸》里面的"至诚"是一个意思，是中国文化里个人修行的最终目标。也就是一个人把心灵上的污点完全去掉，呈现出最光亮的、最清净的状态。当然，想要达到至善的境界非常不容易，但可以把它当成个人终生追求的目标，贯穿整个生命的过程。

《大学》传递出的思想内容，对提升个人修为具有很强的指导意义。实际上我们所谓的道德教育的核心，就是"明明德"的过程，是良心的教育。什么是良心？做了对不起别人的事，心里会难过；做了伤害别人的事，会心生愧疚，这就是"良心"。可是有的时候良心会被污染，让人陷入算计别人的陷阱中。伤害别人时，开始变得心里不怎么难受；伤害别人的次数变得多了，也就开始习以为常，这是人的"良心"被完全蒙蔽了，但并不代表这样的人没有了"良心"。他们的"良心"并没有丢失，只是被完全污染和蒙蔽，只要他们愿意"明明德"，不断地擦拭蒙蔽在良心上的"尘埃"，良心就会一点点地呈现出来。良心被呈现出来的人，是充满智慧的，他们知道什么事是对的，什么事是错的；什么事是该做的，什么事是不该做的。他们品德也是高尚的，愿意亲近别人、帮助别人、服务别人，也能够成全别人。

《大学》以"大学之道，在明明德，在亲民，在止于至善"开篇，开宗明义，道出了这本书的核心思想，为人们指出了个人修身的方向和着力点。要人们不断清除心灵上的污垢，找到心中光亮的德行，从而让"道心"超越人心。到达这个状态的人，内心是很清净的，会体谅别人，爱护别人，能够真心真意地为老百姓做事。这样的人，会努力追求人生的"至善"境界，持续为人生做减法，减去心灵上的私心杂念，提升自己的德行，完善自己的人格。

/ 二 /

安于当下的状态

知止而后有定,定而后能静,静而后能安。

在这一段文字中,《大学》为人们明确了修行的次第和步骤,具有很强的可操作性,让人们能够很好地把《大学》的修身思想落到实处,对人的智慧和德行的提升具有真正意义上的帮助。

首先,要"知止而后有定"。这里的"止",就是停止。而所谓"知止",就是知道什么事情能做,什么事情不能做;对于能做的事,应该做到什么程度停下来。"知止而后有定",就是提醒人们:不管什么人,不论做什么事,要始终清楚应该在什么时候停下来、定下来,为自己按下暂停键。这与《道德经》里的"知止不殆"是同样的道理,人在做事的过程当中知道什么时候该停下来,就不容易走向自我毁灭。其实人最容易犯的毛病就是得陇望蜀,患得患失,这个想要,那个也想要，这就是不"知止"。

人这一辈子不可能什么都能得到，因为得失之间总有一个平衡，人的精力就那么多，什么都想要，很可能什么都得不到，那也是自作自受了。比如，有的人当官了，还想着发财。于是官也没当好，用了一些不正当手段去发财，最后的结局往往是家破人亡，害了自己，又连累了家人。一些经商有道的人，本来拥有了别人终其一生也无法获得的财富，又想着当官掌权……这样的人，就是不懂得"知止"。他们的内心是很难安定下来的，常常被自己无休止的妄念搅扰，因为不满足，嫉妒、嗔怒、愤懑……各种痛苦也就紧跟着来了。

人这一辈子能够在一件事上持续地做，做出一点成就就已经很了不起了。经商有道者可以解决很多人的就业问题，也能让自己家庭的生活富足，还能为国家做出应有的贡献，这就很了不起了；为官从政者，兢兢业业本本分分去做事，如果做到了"为官一任造福一方"，也会受到人们的尊重和爱戴；知识分子，踏踏实实地把自己做成所在领域的专家，并用自己的智慧让更多人受益，也会被人们记住并学习……只是很多人不懂得这个道理，看不透这一点，总是这也想要，那也想得，求而不得便生苦，这才是人们痛苦的根源。

那些能够做到"知止"的人，往往是明白很多人生道理，为人特别通透的人。"知止"实则蕴含着人生的大智慧，人一旦"知止"，就会有"定"。"定"是什么？是定力，是泰山崩于前而不变色，猛虎断于后而心不惊，好比佛教中"戒、定、慧"三学中的"定"，而"戒、定、慧"就是"知止而后有定",道出了人们修行中的逻辑关系。这个逻辑关系,就是做到"戒"的人,往往能够"定"下来;此时,这个人便会生出"慧"。这个逻辑反过来也成立,一个没有智慧的人,很难有"定";如果人心不"定",也就很难做到"戒"。人的心"定"了,面对诱惑时就不容易动心,或者根本不动心。不动心的人就能做到苏轼《定风波·莫听穿林打叶声》中描写到的状态:"莫听穿林打叶声,何妨吟啸且徐行。竹杖芒鞋轻胜马,谁怕?一蓑烟雨任平生。"这里的"穿林打叶声",喻指人们现实生活要面对的诱惑和干扰;"莫听"就是劝谏人们不要被外在的干扰和诱惑扰动;"何妨吟啸且徐行",就是坚持走自己认定的对的路,就没有什么可怕的了。而一个能够坚定地走自己该走的正确的路的人,也就是"定"的人。

中外古今那些有大成就的人物,都有"知止而后有定"的智慧。记者在一次采访中问"杂交水稻之父"袁隆平先生,拥有中国工程院院士和美国国家科学院外籍院士头衔,以及很高的社会地位,有什么感受。袁隆平先生马上回答,两院所学院士的头衔,前呼后拥的人群,以及很多人的吹捧,都不是他心中所求的,也不是他在意的。他最愿意做的事,就是到田间地头做他的水稻品种研发。看着水稻拔节生长,闻着稻香迎风而来,这是他一辈子最快乐的事。袁隆平先生的这种状态,就是"止",不把外在的名和利放在心上,而是做自己该做的事,做自己想做的事,这是"知止"。专心致志、心无旁骛地做水稻品种的研发，即能够"知止而后有定"，"定而后能静"，静下来的人，也就能够生出智慧。这才是成就袁隆平先生的根本。

当一个人不被外在的任何事物扰动，一切纷扰都与他无关时，也就能够专注于该做的事，人就"定"了，心也能够静下来。就像有人拿着扫帚在一个满是灰尘的房间里来回扫，必然被弄得灰尘满面。当他把手中的扫帚放下来，不再让房间有任何的扰动，灰尘慢慢就会飘落到地面上，空气也渐渐干净起来。同理，当人能够把心里的扫帚放下来，扰动心灵的媒介不动了，心也就能够"静"下来了。

"静而后能安"，这里的"安"，指的是心安。心安才能"理得"，这里的"理"，是道，是"天理"，"理得"就相当于"得道"。只有真正到达了"心安"状态的人，才能悟出"天理"，得到"天理"。而人要想让自己心安，就得先让自己静下来，静到能够完全不被外界的一切诱惑和纷扰扰动，心才能安。这样的人，能做到"此心安处是吾乡"，达到了非常高的人生境界，不管别人让他干什么，社会需要他扮演什么角色，他都能够安于当下的状态，活出最好的自己。

"不如意事常八九，可与语人无二三。"人这一辈子想得到什么，就能得到什么的可能性微乎其微，事事都能心想事成的可能性很小。或许某些事情能够心想事成，比如，想考研了，最终考上了，想升职也得到了提拔……但人生中的更多事，由不得一个人想做与不想做，是社会做出了安排，就得顺应这样的"天命"。否则，当事情符合自己的意愿时，就兴高采烈地去做；不符合自己的想法时，就会痛苦万分。我可以断言，这样的人这一辈子绝大多数的时间里都是生活在痛苦之中的，毕竟人生绝大多数时候是不能按照自己期待的样子来的。如果能够做到不管社会给了自己什么样的安排，都能安于当下，顺其自然，人就能够活得通透、通达。

| 三 |

养成心无旁骛的定力

安而后能虑,虑而后能得。

《大学》里的"安",是指人的心安,就是不管社会给了一个人什么角色,什么样的机会,这个人总是能安于当下,心甘情愿、高高兴兴地把事做好。在这个过程中,他还会尽可能地创造条件,持续朝向自己期待的方向去努力,去发展,这就是智慧。

人与人之间的差别,往往体现在是否能够安心。有的人,觉得没有得到自己想要的,总是怨天尤人,不思进取,把自己变成了一个负面情绪的制造者,领导不喜欢他,很多同事也不喜欢他。这样的人,会慢慢被社会淘汰。而有的人,能够立足当下,不管社会给了他什么,总是能积极乐观地想尽一切办法把事情做好,这样的人是有智慧的,是了不起的,也容易受到身边人的尊敬。

想要做到心安并不容易,《大学》里有一个次第要求,是逐级递进的过程。首先,要"知止而后有定"。不论做什么事,要始终清楚能够在什么时候停下来。其次,"定而后能静"。人心一旦"定"了,就能够抵御住外界的各种诱惑,人也就容易静下来。再次,"静而后能安",当人心不被外界的一切扰动,能够静下来时,人也就容易"安"下来。其后,"安而后能虑",当人达到心安的境界时,他就能够用心思考一些问题,有智慧、有能力把问题思考得周全。很多人在充满各种干扰的情况下做事,很容易方寸大乱,难以用心思考,会判断错误,导致进退失据,给自己的人生带来不必要的麻烦和困扰。一个人的心安定下来,不再被外在的事物和诱惑扰动,他也就容易清明朗照,具有极强的洞察力,也能够中道圆融,做事周到,即可"虑而后能得"。

王阳明先生曾平定南昌的宁王朱宸濠之乱。作为一介书生,作为一个文官,他用不到四十天时间就打败了朱宸濠装备精良的十万叛军,大获全胜。后来,有人问他"以万余乌合之兵,而破强寇十万之众"的秘诀,他回答是"不动心"。"不动心"就是"安"。"安"让王阳明具有极强的洞察力,很容易就能看出敌人的破绽,考虑问题就会非常周全细致,对整个军情的判断也相对准确,这让他顺利地取得军事胜利。

"水清则月现",要想在水里边清晰地看到天上的星星和月亮,就得让水面保持平静的状态。一旦水面有了波动,起了波纹,映照在水

|三| 养成心无旁骛的定力

里的星星和月亮的轮廓就会不清晰。就像人的内心,当一个人的心里紧张得不得了,心情非常激动,或者特别气愤时,内心会非常不安。如果心始终受各种情绪的影响,人就会无法集中精神思考,智慧通常也会跟着丢失。

一个人不管是从事企业管理工作,还是政治管理工作,一定要培养自我的定力,无论什么时候,都要坦然自若,气定神闲。处在这样的状态里,对事物的判断才能更全面准确,减少犯错的可能性。反之,心没有"静"下来,也就难以得"安";心不能安时,人心难定,也就容易被外在事物干扰或者诱惑。比如,有的人被金钱诱惑,难免利令智昏;有的人想当官,又无法抵御权力的诱惑而权令智昏;还有的人,很容易被美色诱惑,常常色令智昏;等等。总之,人心不"定",没有了定力,智慧就会被蒙蔽,人也就容易办傻事,做错事,甚至会做出违法乱纪的事,结局不可收拾。

在学校里有个现象,有些学生明明平时学得还不错,也能踏实复习,就是心容易浮动,不能定下来,考试前会紧张、忧虑、恐惧,或者兴奋得难以入睡,导致第二天起来后脑子昏昏沉沉,无法集中精神答题,考不出理想的成绩。人的一生要参加无数次考试,各种各样的考试,最后比拼的常常是人的定力。定力好的人,会把自己最好的状态拿出来,给自己一份满意的答卷,取得理想的成绩;反之,定力不好的人,心很容易被外界事物扰动,无法把自己最好的一面展现出来，取得理想的成绩。

　　人的定力越足，就越清楚什么事该怎么做，能做到什么程度。这样的人，能很好地控制自己的情绪，不被外界的纷扰扰动，考虑问题更加周全周到。

| 四 |

打好人生高楼的地基

物有本末，事有终始，知所先后，则近道矣。

"物有本末"，是指任何一件事物都有本有末。比如，一座大楼盖得高不高，结实不结实，取决于它的地基打得是否稳固，"地基"就是这座大楼的"本"。一棵树长得高不高，能不能枝繁叶茂，取决于树的根系是否发达。"根系"就是这棵树的"本"，而树枝或者树冠则是树的"末"，要想一棵树枝叶茂密，就要护养好它的根系，让其更健壮。没有因为护养好了枝叶，而让根系健壮的道理，这是本末倒置，也是不合乎自然规律的。

如果把人的一生比作一座高楼，德行就是这座楼的地基，是为人之根本。厚德才能载物，只有打牢了人生大楼中"德行"这个地基，才能盖好人生的高楼。古今中外有很多例子都可以证明，如果一个人德行的"地基"打得不够扎实,人生的大楼盖得越是高大,越是难以抵御人生的风雨。

德行是人的智慧,可以使人明理。德行深厚的人,一生中无论遇到什么事,都会无所畏惧,清楚自己该做什么,不该做什么。比如,违法乱纪的事,他们不会做;伤害他人、践踏生命的事,他们也不会做。他们懂得如何尊敬别人,善待别人。他们人生的地基打得非常扎实,深悉"德不配位,必有灾殃"的道理,不论拥有多大的权力和名声,都会小心翼翼做人,不会忘记自己的本分,不会忘记自己的初心。

如果人把"本"做好了,"末"往往也就有了。就像一棵树,想要树冠长得高,长得壮,往往取决于这棵树的"根系"吸收了多少养分。那么,要想人生发展得更好,就要不断地学习修养自我的德行,把人生这棵大树的根深深地扎下去。这就需要人能够让自己更广博地吸收各种营养,滋养人生这棵大树的根系,让其生长得更加繁茂,更加强壮。只有这样,树根才能有能量输送给树干,滋养着人生大树的健康生长,使得人生的大树枝繁叶茂,呈现出一片欣欣向荣的景象。

"事有终始",任何事情都是有因才有果,有始才有终。人们看待一个人的时候,看到的通常是这个人当下的状态,而这个状态实则是他之前经历的结果。比如,某人赚钱了,某人在社会上很有声望……别人赚到的钱,拥有的名气,并非一时所得,是他前期努力奋斗的结果。如果一个人的智慧不够,就会看不到他人现有成果背后的"因",从而由羡慕别人的"果"产生嫉妒。实际上绝大多数成功人士是经历了认真学习,勤于思考,勇于实践,以及总结反思这样一个奋斗的过程的。与其羡慕别人树上枝繁叶茂、硕果累累的状态,不如用更多的时间,低下头来看看自己,反省自己为什么没有取得这样的成绩:有没有认真努力地学习积累,有没有打好自己人生的"地基"等。要想盖好属于自己的人生高楼,就要现在开始为自己种下好"因",在未来才会结出一颗善"果"。现实生活中发生的很多事情,通常不是无缘无故产生的,都有其因果,这不是迷信,而是科学,是"知所先后,则近道矣"。

一般来说,人们知道了"本末",了解了"终始",懂得了"知止",能"定"和"静",就能让自己心"安",而后就会有"虑",并且有"得"。达到这个状态的人,是真正理解事物发展先后顺序的人,"则近道矣"。尽管他们还没有达到"大道"境界,但也接近于"大道"了,其德行和智慧也在很多人之上了。这样的人,是扎实了人生大树根系的人,他们会拼命汲取各种营养,让自己的人生能够经得起风吹雨打,让自己的人生行稳致远。

|五|

提升个人修为的次第

> 古之欲明明德于天下者，先治其国；欲治其国者，先齐其家；欲齐其家者，先修其身；欲修其身者，先正其心；欲正其心者，先诚其意；欲诚其意者，先致其知，致知在格物。
>
> 物格而后知至，知至而后意诚，意诚而后心正，心正而后身修，身修而后家齐，家齐而后国治，国治而后天下平。

《大学》一书的主旨在于阐发"内圣外王"的儒家思想，进一步解释是"大学之道，在明明德，在亲民，在止于至善"的三纲，再具体分析就是"格物、致知、诚意、正心、修身、齐家、治国、平天下"的八条目。而本节既对前文"三纲""八条目"作出了总结概述，又道出了其内在的逻辑关系，把一个人由个人提升到社会发展的次第剖析得非常清楚。这个次第就是要先通过格物、致知、诚意、正心、修身几个方面修好自身，让自己成为"内圣"的人，才有可能更好地向外发展,实现"齐家治国平天下"的目标,呈现人生"外王"的理想状态。

《大学》这段文字充分体现出了中国文化的核心,始终把人放在第一位。小到"齐家",大到"治国平天下",人是穿插其中最为关键的因素。如果一个人的自身修为不够,不能格物致知,不能诚意正心,很难"齐家",把自己的家庭管理好;也就很难"治国平天下",把国家建设好。如果不能让国家物质富裕、文化繁荣,也就很难让人民幸福,更难以"明明德于天下",让民族有信仰。反之,修好了自身,才有可能"齐家治国平天下",以自己高尚的德行,以及治理的成就,赢得他人的尊重,成为人们争相效仿的典范。

人这一生无论做什么事情,准备做成什么事业,修为永远是第一位的,也是最关键的因素。比如,想要结婚成家,如果只盯着对方的家庭收入或者社会地位,很容易会看走眼,把人看错了。一定要先看人,观察将要跟自己组成家庭的这个人的修为和德行是否经得起生活的磨砺,这才是未来生活是否幸福的根本。唐太宗李世民之所以能够成为一代明君,被人们世代颂扬,不仅仅因为他拥有一批贤臣良将,还得益于他有一位好皇后。相信很多人听过"朝服劝谏"的故事,唐太宗李世民在朝堂上就某个问题与魏徵产生分歧,两人起了争执。魏徵没有畏惧李世民的皇帝身份,而是坚持立场,直言劝谏,令李世民气愤不已,但还是隐忍着没有彻底爆发。在返回后宫的路上,李世民口中一直叨叨着要杀死魏徵。长孙皇后听说后,并没有直接劝阻他,

|五| 提升个人修为的次第

而是换上朝服向李世民跪下道贺,恭喜李世民喜得贤能,这让李世民既惭愧又感动。长孙皇后以一种非常智慧的方式挽救了一代名臣,也保住了一代明君。当然,李世民作为中国历史明君,不会轻易被情绪左右,不过是因为没有辩过魏徵而一时气急。他如果真想杀死魏徵,即使长孙皇后再机智,也是难以说服他的。无论是与人共事还是婚娶,千万不能被一个人的外在迷惑,一定要回归到本质,把眼睛聚焦到人的德行上和修为上。

想要把事做好,先要修好自身,这是中国文化的重要逻辑和智慧。一般来说,有着较高修为的人,通常能够把事做好。修好自身,与做成好事,二者相辅相成,互为助力。如果非要深究它们之间的关系,那就是个人的修为更高的人,做成好事的可能性更大;而在做成好事的过程中,又能帮助个人修行,两者互相成就。人的能力总是在不断实践中体现,在做事的过程中展现,所以不要害怕失败。失败了就去反省失败的原因;成功了,也要思考可供人供己借鉴的经验。

人这一生,就是一场修行,每一段的经历都有它想告诉人们的智慧。想要做什么事,那就勇敢地去做,无论成功与失败,都要珍惜做事的过程,从中吸取教训和总结经验,体会从前未曾经历过的感受。能这样做的人,是非常了不起的人。历史上那些伟大的治理国家的领导者,不仅把国家建设得繁荣昌盛,让人民幸福安康,还用自己高尚的德行影响老百姓做出积极向上的改变,赢得别国及其他民族发自内心的赞许和学习,这便是达到了"要近者悦,远者来"的治国境界。

《大学》的人生感悟

"明明德于天下",就是告诫人们,无论是一个国家的强大,还是个人的强大,绝不仅仅体现在用武力制服别人,还体现在高超的智慧和全心全意为人民做事的诚恳态度上。

人才是推动时代发展的磅礴力量,每一个伟大的时代都有缔造者的推动,他们用良好的修为和高尚的品德,影响着他人,共同推进着社会的发展,促进着时代的变迁。一个人只有经过了格物、致知、诚意、正心、修身这样一个过程,把能力、智慧、德行、境界、格局等修到了一定的高度,才有能力担负起社会的责任,承担起历史的使命,做成一番大事业。

《大学》弘扬的修己治人的思想,个人修身的逻辑,仍然值得今天的我们学习并借鉴,在国家治理方面,也具有一定的参考意义。实现中华民族的伟大复兴,是中华民族多年以来的伟大梦想。要想实现这个梦想,仅靠少数人的力量是远远不够的,还要靠每个中华民族的好儿女一起践行。我们要珍惜当前的机会,上下同心、众志成城,让国家更强大,实现民族复兴。当然,我们还要时刻保持着清醒,不断反省自己,以海纳百川的姿态,不断学习的胸怀,一步一步地往前走,中华民族才能永续。

| 六 |

修身是成就人生的根本

> 自天子以至于庶人，壹是皆以修身为本。其本乱，而末治者否矣。其所厚者薄，而其所薄者厚，未之有也。

"自天子以至于庶人，壹是皆以修身为本。"“三纲”“八条目”的修身要求，适用于任何人和事。不论什么人做什么事，都应该以修身为本、为基础，上自"天子"，下至普通百姓，都应该遵守这些纲领条目，以此为做人做事的参照，无一例外。

修身就像人们生命当中的方向盘，这一辈子无论经历多少的风浪和考验，都要握好手中的方向盘。方向错了，车速越快，则会离目标越远。现实中不乏这样的例子，某个孩子考上了国内知名大学，家长便把亲朋好友找来为其庆贺。从我个人角度而言，我一方面为这孩子考上好大学感到高兴，另一方面又觉得这样做的家长见识有点短了，这种过分炫耀的表达方式会给孩子带来不好的影响。考上好的大学只能证明孩子高中阶段的学习成绩不差。如果孩子做人出了问题，这样的孩子可能危害也更大。毕竟作为知名大学的毕业生，他的机会往往比普通人多，发展和上升的空间也通常比普通人大，每走一步所要面对的诱惑也会比普通人大。这并不难理解，位高权重的人所要面对的诱惑，是超乎想象的。如果修为和德行不够，经不起诱惑，无法坚守底线，很容易陷入别人编织好的陷阱，给自己，也会给家人带来毁灭性的打击和伤害。

一般来看，有智慧的家长教育孩子，不会只关心孩子的分数，而会更多关注孩子德行的养成。否则，如果孩子分数考得很高，人品却不怎么样，也很难走好这一生。试想，一个特别自私的人，跟任何人打交道都工于算计，分数考得再高，也很难会有一个美好的未来。

要走"自天子以至于庶人，壹是皆以修身为本"的路，人才能行稳致远。一个人无论走多快，走多远，都要走该走的路，这个过程一定是以修身为本的。考上好的大学，作为家长自然是非常高兴的，但一定要明白，他只是走好了人生的一小步，有了一个好的开始。更要跟孩子讲清楚，一个优秀的学生，要想成为对社会有用的优秀人才，还有很长的路要走。让他沉下心来想一想，要走一条怎样的路；对自己的国家，对养育自己的父母，应该承担什么样的责任；面临诱惑时，是否能够做到不忘初心，在内心筑起钢铁一样坚硬的围墙；无论未来取得多高的社会地位，拥有多大的权力，是否能清晰地知道自己的本分，坚守做人的底线，把握住人生的方向盘，修好自身。

"其本乱，而末治者否矣"。这里的"本"就是修身，而"末"则是指一个人的事业。一般来说，人的事业能做多大，要赚多少钱，当多大官，这些都是"末"。而一个人的德行，或者人品，才是他的"本"。只是很多人看不清楚这一点，通常把"末"当成"本"，从而本末倒置。如今社会上有一些乱象，有些人的德行还没修好，却想尽办法追名逐利，营造出事业有成的假象。只是假的始终真不了，任何弄虚作假得来的东西，总有被人拆穿的时候。还有一些人，手上有了一些权力，就想掌握更大的权力，为自己谋取更多利益，不惜牺牲公司的利益、国家的利益。或许一时私欲得到了满足，也能风光无限，让人心生羡慕，殊不知，这种风光总会有东窗事发的一天。企业会追究他们的责任，法律也会追究他们的责任，"其本乱，而末治者否矣"，人的"本"一旦被扰乱了，也就很难发展好事业了。

"其所厚者薄，而其薄者厚，未之有也"，该重视的事物没重视起来，不该看重的事物却又极为看重，将难以取得大的成就，获得事业长久发展。有些年轻人恋爱初始，往往只看重颜值，女孩儿在乎男孩儿是否长得帅，男孩儿喜欢女孩儿漂亮。其实他们这是在拿自己未来的幸福作赌注。毕竟两个人要组成家庭一起生活，仅靠颜值难以经得起未来的风风雨雨，还要靠双方的修为和德行、责任和担当。只是"时穷节乃现，一一垂丹青"。一个人是否经得起考验，要在困难的时候才能看得出来，要在长期的相处中才能发现。想要做成什么事，就要结交什么人,要想知道结交的这个人是否能够帮助自己做成事,就要到日常生活中去观察他,看他平时是如何处理问题的。

一个人是否能够做出一番事业,赢得他人的尊敬,最终还得靠他的德行和能力。而想要改变自己的命运不仅依靠他自身的智慧,还要依赖于自强不息的奋斗精神,以及海纳百川的品德和胸怀。"天行健,君子以自强不息。"不断地提高自我的能力和智慧,不断地提升自我德行和境界,当个人综合素质达到了一定高度,命运才有可能发生改变。

无论做什么事,一定要抓住其中最核心、最关键的部分。抓住关键点,才有可能把握住整个事件的走向,把事做对、做成、做好,这就是"厚者当厚"。如果颠倒过来,"薄者当薄",用错了方向,用错了力道,对不该重视的过于重视,而该重视的没有重视,往往事与愿违,很难获得成功。

| 七 |

给自己一个光亮的人生

《康诰》曰:"克明德。"《大甲》曰:"顾諟天之明命。"《帝典》曰:"克明峻德。"皆自明也。

《尚书》是中国最早的政治文献,汇集了夏商周时期一些重要的施政纲领,以及治国者对社会问题的看法。《大学》这个章节的三句话,均引自《尚书》,一句话一个典故。比如《康诰》,"诰"的本义是皇帝或者大王对其臣下的指示或者命令。而《康诰》是周成王任命康叔治理商代遗民封地时的命令。武王伐纣之后建立了周朝,并没有将商代皇族赶尽杀绝,而是厚待了他们,还给他们封了地,也就是宋国,并委派康叔前去治理。《大甲》,即《太甲》,太甲本是商代的一个王,就是商汤的后裔。《太甲》大致分为两部分内容,一部分记录了太甲在桐宫的历史事迹,另一部分则是太甲与伊尹的对话;《帝典》指的是《尧典》,记载了上古圣君尧舜二帝的言行事迹。

《康诰》曰："克明德。""克明德"就是我们前文中所讲的"大学之道，在明明德"，是人们找到并发扬自己心中光亮德行的过程；而《大甲》说："顾諟天之明命。"一定要经常念着上天赋予我们每一个人的这种光亮的德行，这与《帝典》里的"克明峻德"是一个意思，就是要人们弘扬崇高的品德。从周成王的《康诰》开始，到《大甲》，再到《帝典》，《大学》引入其中的这三句话，都在表达同一个思想，就是人的修为或者智慧的高低主要依靠自己的觉悟。这充分体现了中华民族的一个非常重要的精神，就是"皆自明也"。人们开启生命的大智慧主要依赖于自性中的光亮，而不是任何外部的神秘力量。

　　我们每个人都有让自己觉悟、成就自己的能量。这在人类的文明史上极其重要，人类的命运终将掌握在自己手里，不要推卸责任，更不要愚昧和迷信，把命运寄托在外部的神秘力量上，人类的命运始终都是"自明也"。这是中华文化为人类提供的非常重要的一个观点，就是要人"自明"。人跟动物不一样，动物不可能因为念佛不杀生，由食肉动物变为食草动物。人却不同，人可以"自明"，可以通过改变自我的生命规迹，使命运发生改变。"自明"还能让人有向上的追求，从而开启自我内在的智慧，有使自己不断觉悟的愿力。人会通过不断开启自己的智慧、发现自己的特质，更好地升华自己、净化自己。

　　《大学》通过对《康诰》《大甲》《帝典》三段文字的引用，旨在提示人们：第一，要充分领会中华民族的精神内涵。不把自己的命运交托给任何外在的事物，要把握自己的命运，成全自己，从而更好地实现自己的生命价值；第二，人可以不断升华、净化、革新自己，能够积极向上，是可以不断自我实现、自我超越的生命体。

年轻人切莫妄自菲薄，更不要自暴自弃，你是谁，要成为怎样的人，应由你自己决定。人的一生难免有落魄，也会有很多的坎坷，这是每个人都会面对的问题。不要被现实的条件局限，也不要被一时的困难吓倒，要自强不息，把困难当作历练，在克服困难的过程中实现生命的升华，而后再通过不断净化自己，创造更加光亮的人生。

| 八 |

永葆生机活力的秘诀

> 汤之《盘铭》曰:"苟日新,日日新,又日新。"《康诰》曰:"作新民。"《诗》曰:"周虽旧邦,其命惟新。"是故君子无所不用其极。

《大学》在这个章节连续引用了商的《盘铭》,周的《康诰》,还有《诗经》中的诗句,得出结论"是故君子无所不用其极"。为什么这么说?首先,要了解什么是汤之《盘铭》。"汤",是指商朝的建立者成汤;"盘铭",是指商朝时期专门为帝王制作的生活器具,工匠们会在上面篆刻铭文以示警醒。从这里我们也可以看出成汤的勤勉与伟大。实际上古今中外励精图治的伟大王者,无不是这种生活状态,他们不敢有丝毫懈怠,时时处处都给自己提醒,连洗脸喝水的时间也不落下。"苟日新,日日新,又日新",是《大学》从成汤使用的生活器具上选取的一句箴言,也是成汤对自己的提醒——要有创新精神,要发愤图强，要有与时俱进的意识，这样才能更好地面对无时无刻不在变化着的社会环境。

中华民族从来就不是一个保守民族，早在商汤时期，人们就已经意识到创新对于个人发展的重要性，对于社会环境改善的重要性，他们以各种方式，时时刻刻提醒自己要有创新意识和精神。很多中国传统经典著作中都有类似箴言警句，比如《周易》中的"日新之谓盛德"。这里的"日新"，不仅仅指外在的日新月异的环境变化，更是指一个人的内心，《周易》认为，人最突出的德行就是"日新"。实际上，这个思想与商汤《盘铭》的"苟日新"有异曲同工之妙，就是提醒人们，一定要有创新的意识，要勇于面对随时会出现的新的问题和新的情况。今天的自己要勇于向昨天的自己告别，而明天的自己又将是一个崭新的自己，只有不断以"新我"超越"旧我"，才能不断地升华自己，更好地发展自己。

《大学》在这里引用《康诰》"作新民"这句话，本是周成王对康叔的提醒：作为治理一方的领导者，不仅要有"日新"的意识，还要懂得革新的方法。除此之外，还要引导当地的老百姓"日新"，"作新民"，让他们勇于革新，敢于创造。我们身处的这个世界，无时无刻不在变化当中，无论是领导者，还是普通人，一旦变得僵化和保守，就会被不断向前发展的时代淘汰。要有与时俱进的精神品格，还要把这种精神融贯到社会风气当中，社会才能得以更好更快地发展。

《诗》曰："周虽旧邦，其命惟新。"这里的"旧"，并非"新旧"

的"旧",而是表示存在的时间长。尽管周这个部落存在的时间很长了,他们仍然通过不断革新的方式赋予了自己新的生命力,焕发出新的生机。一个部落,或者一个民族如果存续的时间长了,却不能与时俱进,必然遭致时代的淘汰,而周之所以存续的时间长,是因为他们拥有"日新"和"新民"的精神。他们通过不断的革新,让部族得以壮大发展,焕发出新的生机,并持续保持着这种生机勃勃的状态,实现了"周虽旧邦,其命惟新"。

"是故君子无所不用其极",即君子无论做什么事,都会抓住一切机会,置心一处,认认真真地把事做好,做到极致。不仅如此,他们还在这个过程中让自己的德行更加光亮,使自己的人格得以升华。时代在变,生活在变,当人们刚觉得自己有所成就,自以为了解这个世界的时候,新的挑战已经到来了。比如,有的学生在学校里学习成绩特别好,每次考试都是第一,可到了社会上却不一定是同班同学里发展得最好的人。学习是一回事,工作又是另外一回事,一旦面临工作中要处理的各种复杂关系,单纯的考试能力就显得不够用了。只有"苟日新,日日新,又日新",才能不断适应新环境,更好、更从容地迎接未来更多的新挑战。

要带着一颗谦卑的心向《盘铭》学习,向《康诰》和《诗经》学习,学习"日新谓之盛德"的精神,不断地提升革新的意识和能力,才有可能让自己不僵化保守。令人比较痛惜的是,到了近代,尤其是闭关锁国的清朝时期,我们这个民族变得僵化和保守,忘记了古人留给我们的智慧和精神，丢掉了"日新"和"新民"的创新意识，致使中华民族遭遇了一段无比艰难的苦难经历。今天的我们一定要深刻反省，把潜藏于中华民族文化当中保守与僵化的"污垢"清除掉，把被束缚住的创造力和智慧解放出来，把蕴藏其中的中华精神挖掘出来并发扬光大，让它重新绽放出勃勃生机。

中国几千年的传统文化，是一座丰富的百花园，里面长有鲜花，也会有毒草，我们要取其精华，弃其糟粕，挖掘生机勃勃的，有着极其旺盛生命力的中华精神，发挥"日新""又日新"的创新精神。在这种创新精神之下的中国，能够面对任何环境的变化，敢于面对任何的时代变革。这是中国成为四大文明古国之一的重要原因，也是历经五千年屹立不倒的重要原因。中华民族一定要保持这种精神，要永不满足，永不懈怠，永远清醒，要海纳百川，永葆生机活力。无论做什么事，都要秉持"君子无所不用其极"，置心一处，把事做到极致。

"青山何处不道场"，要把任何场合都当成历练自己的场合，恪守本分，任劳任怨，在平凡的岗位上成就不平凡的自己。把人生中遇到的每个机会都当成自我成长的台阶，切莫在怨天尤人的过程中蹉跎自己的青春年华。

| 九 |

安身立命的根本

《诗》云:"邦畿千里,惟民所止。"《诗》云:"缗蛮黄鸟,止于丘隅。"子曰:"于止,知其所止,可以人而不如鸟乎!"《诗》云:"穆穆文王,於缉熙敬止!"为人君,止于仁;为人臣,止于敬;为人子,止于孝;为人父,止于慈;与国人交,止于信。

《大学》在本文引用了三段《诗经》中的诗句,强调了人们安身立命的根本。

"邦畿千里,惟民所止",这句话出自《诗经·商颂》的《玄鸟》篇,意思是一个国家拥有方圆几千里的土地,都是老百姓赖以休养生息的地方。实际上每个人或者每个生命,都有承载它生命的地方,都有它安身立命的地方,这就是"止"。为了突出"止"的这个观点,它继续引用《诗经·小雅》中《绵蛮》篇的诗句,以黄鸟为例作了进一步解说:"缗蛮黄鸟,止于丘隅。"漂亮可爱的黄鸟,把家安在了一个个土丘或者一棵棵树木的树枝上。如果没有了土丘，或者没有了树木，鸟儿也就没有了安家的地方。紧接着，它以孔子的议论进行了补充，子曰："于止，知其所止，可以人而不如鸟乎！"每个生命都有其安身立命所依止的事物，离开了这些事物生命就不能生存，这是连鸟儿都懂得的道理，人怎么可能不知道呢？

其后，《大学》又引用了《诗经·大雅》中《文王》篇的诗句，借着人们对文王的赞美，指出一代帝王圣君应该依止的事物和待人接物的方式："穆穆文王，於缉熙敬止！"庄重严肃的文王，每天都在恭敬地为国家做事，为人民做事，并且非常清楚什么该做什么不该做。不管是什么身份的人，扮演了什么样的角色，都应该清楚自己的本分，懂得把自己的生命安放在什么位置，那就是"为人君，止于仁；为人臣，止于敬；为人子，止于孝；为人父，止于慈；与国人交，止于信"。人活在这个世上，应该做好本分，不同身份的人有不同的安身立命的根本，什么样的人就该做出什么样的事。

为什么"为人君，止于仁"？这里的"仁"，是"仁义道德"的"仁"，是价值观，是导向，是"仁爱天下，利济苍生"。古代的君王，处于社会组织的顶端，居于万万人之上，掌握着至高无上的权力，这样的人最应该依止的品德是"仁"。用现在的语言解释它，就是作为国家的最高领导者，要把人民当父母，要以对父母的那份心意对待人民；要时刻想着怎么造福人民，为人民做实事，想到并做到了，就是"仁君"。

任何一个朝代，任何一个环境，身处权力最顶端的领导者，都应该懂得放下小我，要把老百姓的事当成自己的事，为老百姓谋福祉。即使一个企业的企业家也应该有超越小我，让每一个员工过上更好的生活的意识，有为他人打拼谋福祉的胸襟，有为国家创造财富的信念。还要通过好的产品和服务，不断改善他人生活，让社会变得越来越好。在这个过程中，成全了别人，也成就了自己。

"为人臣，止于敬"，做臣子的或者做一般管理者的人，一定要有所依止的德行，以及应该做到的修为，这就是"敬"。这里的"敬"，有两个层面的含义：首先，要敬最高领导者做出的为人民谋福祉的决策或者战略。作为"人臣"，一定要把最高领导者那种美好的、造福社会的理念传递下去。其次，要敬自己为"人臣"的身份。每一位官员，都应明白"为官一任造福一方"的道理，要有自觉的庄严，要以敬畏之心对待每一个决策。并且要认真思考有没有把公权力用在为人民做事上，自己做出的决策是否践行了最高领导者为人民谋利益的初心。只有做到了这两个层面上的"敬"，才是尽到了"为人臣"的本分，做了应做的事。

"为人子，止于孝"。每个人首先是"人子"，这是任何人都无法逃避的身份和角色。那么，"为人子"最重要的责任，以及最应该尊崇的品德是什么？那就是"孝"。要尊敬父母，多沟通，多陪伴，发自内心地敬养生养自己的亲人，让他们没有后顾之忧，能够安享晚年，这是真正的"孝"。这里的"孝"，不仅是物质上的孝敬，这只是孝道中很浅薄的一部分。还要发自内心的陪伴,以及对自己生命的珍爱,这才是深层次的孝。每个人的生命都不仅仅属于自己,还属于把我们带到世间,并且把我们抚养长大的人。有些人遇到困难时可能会选择极端的处理方式,甚至自杀,这是非常不负责的。无论遇到什么困难和挫折,都要力争积极地面对,主动寻求帮助,也许那些"坎儿"就能迈过去了,人生的路也就有可能慢慢好走起来。从另外一个角度来看,爱惜生命,让自己活得好好的,不断绽放出生命的光彩,也是对父母的一种责任和孝敬。

"为人父,止于慈"。做父母的人要有做父母应该依止的品德,那就是"慈"。"慈",就是要爱护孩子。有些家长在抚养孩子的过程中,会把自己在工作中遇到的挫败带回到家里,迁怒于家人,尤其是孩子,这是非常不负责任的做法。孔子在《论语》里赞颜回,"不迁怒,不贰过",这种品德也是为人父母者应该努力学习的。在单位里受了气,回到家中就打孩子,把气撒在孩子身上,这就是一种"迁怒"。网络上曾流传过一个视频:有一户人家,一心想要个男孩儿,结果生了个女孩儿。父母一直嫌弃这个女孩儿,怎么看她都不顺眼,轻则骂,重则打。有一次,这个女孩儿被父母打得太惨了,有人报了警,等待这对夫妻的必将是法律的严惩。每一个生命都是值得珍惜的,理应小心呵护,慈爱孩子,真心抚育和引导,让他们成为对国家、社会有用的人,这也是为人之根本,为父母之根本。

"与国人交,止于信","信"就是对人民承诺了什么,就要踏踏实实地兑现什么。孔子说"民无信不立",领导者安身立命的根基就在人民身上。改革开放四十年来,我国取得了巨大的进步,根本原因就是得到了人民的支持和拥护。任何一个领导者,想在社会上立足,都得一诺千金,诚信做事。反之,如果不讲信用,只是用一些漂亮的语言欺瞒人民,早晚会被人民识破,遭受人民的唾弃。失去了人民,也就失去了领导者成长的根基和合法性,必然会被人民推翻,淹没在历史的长河中。

《大学》这个章节主要强调了一个观念:每种身份的人,都有其所依止的品德,最应该做到的是什么,最不应该去做的是什么,安身立命的根基又是什么,要像黄鸟"止于丘隅"一样清楚了然。一旦错位,不知道安身立命的根本所在,可能会给自己带来难以预见的恶果。

如果一个人把最该做的做到、做好了,也就"本立而道生"了;如果我们的社会中的每一个人,都能做好本分,清楚自己安身立命的根本,那么,这样的社会就是我们期待的和谐社会。

| 十 |

正视人性的弱点

《诗》云:"瞻彼淇澳,菉竹猗猗。有斐君子,如切如磋,如琢如磨。瑟兮僴兮,赫兮喧兮。有斐君子,终不可諠兮。"① 如切如磋者,道学也;如琢如磨者,自修也;瑟兮僴兮者,恂慄也;赫兮喧兮者,威仪也;有斐君子,终不可諠兮者,道盛德至善,民之不能忘也。

《大学》在这里以《诗经》对君子的赞美,指出了为君子者应有的风度。开篇"瞻彼淇澳,菉竹猗猗",此句引自《诗经·卫风》中的《淇澳》篇。《卫风》本是反映卫国当地人文风情的诗词,较为全面地展现了卫国当时的政治、经济、文化等各个层面的生活状态。这句诗以绿竹起兴,描写了环境的幽美雅致,意思是弯弯的小河边,长着很

---

① 《毛诗正义》中此诗写作"瞻彼淇奥,绿竹猗猗。有匪君子,如切如磋,如琢如磨。瑟兮僴兮,赫兮咺兮。有匪君子,终不可谖兮。"与《大学》中的写法有差异。——编者注

多嫩绿的竹子，郁郁葱葱。由此引出本文想表现的主人公："有斐君子，如切如磋，如琢如磨。"这里的"斐"，是文采斐然、文质彬彬的意思。这句话的意思是，在那样环境幽美的地方，有一位文质彬彬的君子。他在努力学习，不断提高自己的修为，他认真又细腻，"如切如磋，如琢如磨"，就像加工骨器、玉器一般细致。"瑟兮僩兮，赫兮喧兮"，这个人做事很严谨，胸怀很宽广，光明磊落让人很难忘。"有斐君子，终不可谖兮"，这么一个有修为的君子，还在不断地提升自己，多么让人难忘。只是看了一眼，就被他展露在外的高尚修为和君子风采征服。

孔子说："质胜文则野，文胜质则史，文质彬彬，然后君子。"一个人如果把本性暴露得多一点，就会显得野蛮；如果表现得太有文化，又会显得呆板虚浮。只有把人性的质朴和文化的教养特别好地结合在一起，才能呈现出文质彬彬的君子气质。由此可见，《诗经·淇澳》中所表现的这位文质彬彬的君子，修为必然到达了一定的高度。

其后，《大学》作了进一步解说："如切如磋者，道学也；如琢如磨者，自修也。"古人会把动物的头骨或者脚骨加工成饰品，但刚刚被解剖出来的骨头是非常粗糙的，上面会有很多棱角，这很容易把人扎伤。并且，当时社会条件有限，加工骨器的工具匮乏，这就需要加工骨器的人格外认真和细致，对其进行不断地打磨，直至尖锐的地方不再锋利，粗糙的地方变得光滑，这个过程就是"如切如磋，道学也"。同理，要想把一块璞玉打磨成玉器，切割之后还要玉器加工者

| 十 | 正视人性的弱点

细细打磨，让它变得温润精致，这个过程就是"如琢如磨"。

《大学》以骨器加工和玉器加工，喻指君子的修行，它把还未进行自我修行的人比喻成了"刚刚被解剖出来的骨头"和"璞玉"，旨在启示人们：求道和做学问不是一下子就能有所成就的事。即使一个天生智慧很高的人，或者一个天性比较善良的人，也会有嫉妒、自私等很多缺点。要像打磨玉器那样，一点点慢慢地打磨，把人性当中的缺点、污点逐渐去掉，人才能一点点开悟。而后再去一点点深化，精益求精，不断精进提升，从而达到君子的境界。

人的修行，是不断追求完美的过程。这并不意味着人能够达到完美境界，那些道德高尚的君子，会有这样的态度或者追求：他们正视自己人性的弱点，并且会通过不断打磨自己的方式，让自己的人生向着完美的境界努力。这个过程就是"如切如磋者，道学也；如琢如磨者，自修也"，也是"大学之道，在明明德，在亲民，在止于至善"。

"瑟兮僴兮者，恂慄也"，这里的"恂慄"，是指一个人庄严和谨慎的样子。这句话的意思是，一个内心对自己要求很高的人，所呈现出的状态是庄严而谨慎的。其实真正让君子不断提升自己的动力，在他们的自己身上，这源自他们心中的一颗"向道"之心。君子对自己有着很高的要求，他们不需要任何人提示，以及任何外部力量的驱动，就能够不断地升华自己，完善自己，发展自己。

"赫兮喧兮者，威仪也"，这是赞美君子的外在，意思是君子仪表堂堂，让人不自觉地心生恭敬。我前文中曾指出，一个人内在的庄严，也表现在他的外在的庄严上，这种"庄严"不依托于外物，比如这个人衣服穿得多好、多华丽，而是人修到一定程度自然而然呈现出来的状态。这样的君子，还会在求道和问学方面不断打磨自己，不断精益求精，并不懈地追求着人格的完美。他们内在高尚、有修为，而又仪表堂堂，让人一眼难忘，不由得让人心生仰慕。"有斐君子，终不可谖兮者"，他们既有觉悟又有智慧，德行还修得非常高；"道盛德至善，民之不能忘也"，他们内外兼修，有庄严，有威仪，会不由得让人心生敬畏，也让百姓难忘。

《大学》以《诗经·淇澳》中的诗句为引，描述并赞美了君子不断精进、精益求精的状态。一个真正的君子绝对不满足于自己已有的一点成就，他会真诚地看待自己的缺点，不断完善自己，永远走在"止于至善"的路上。现实中有很多人一被人表扬，就容易张狂，尤其是一些正在成长中的孩子。智慧的家长会及时引导，让孩子正确地看待自己和认识自己。我有一个同事就很会教育孩子，她有个女儿长得非常漂亮，常被其他同事夸赞。有一次，她把女儿带到办公室，同事们又忍不住夸赞她女儿漂亮。这个同事非常理智地说，总是夸她的女儿漂亮，容易助长孩子的虚荣心，生出攀比、摆架子的坏毛病。孩子更需要好好学习，夯实基础，为自己积累安身立命的真本事。我心里暗自赞叹，这个同事显然很清楚为人之根本，活得通透清醒。

人这一辈子，要对自己有一个非常清醒的认识，正确地看待自己的缺点，能够认识到自己的不足，才能走在进步的路上。有的人天生不是那么聪明，也没有关系，要有"如切如磋，如琢如磨"的学习态度。有的人天性聪慧，也千万不要得意，要在现有的基础上不断打磨自己，才能更好地完善自己。要带着精益求精、不断完善的态度，不断打磨自己，发展自己。做到这一点的人，"道盛德至善，民之不能忘也"，会自然产生超强的亲和力和向心力，让别人愿意亲近他，并且敬畏他，也很容易让人心生仰慕，难以忘怀。

| 十一 |

君子要有识人之明

《诗》云:"於戏!前王不忘。"君子贤其贤而亲其亲,小人乐其乐而利其利,此以没世不忘也。

"於戏!前王不忘。"这句诗引自《诗经·周颂》中的《烈文》篇。《周颂》是周朝宗庙祭祀活动时使用的礼乐诗歌,歌颂了周朝祖辈圣德的伟业。周朝由文王开始,武王伐纣、周公旦制定周礼为续,奠下近八百年基业,这些伟大的领导者值得被子孙后辈称颂。"於戏!前王不忘。"这里的"於戏"是一个感叹词,就是呜呼!前代的王真是让人难以忘怀。《大学》以此开篇,旨在突出伟大领导者的识人、用人之明。

这里所说的"前代的王",指的是开创周代的王或者奠基者,这些伟大的王之所以让人难以忘怀,就是因为他们能够"君子贤其贤而亲其亲，小人乐其乐而利其利"，像周文王、周武王这样伟大的王，是真正的君子，他们能够"贤其贤"，尊重真正值得尊重的人，亲近真正值得亲近的人。不仅如此，他们还能让"小人乐其乐而利其利"，普通人因为遇到了伟大的领导者，不仅可以享受政治清明带来的好处，生活得非常快乐，还能获得想得到的利益。

"君子贤其贤而亲其亲，小人乐其乐而利其利"，这句话还有一层意思，就是真正的君子必然是"贤其贤而亲其亲"，懂得用人要用"贤"。我认为这才是《大学》真正要传递给人们的思想。现实生活中，很多领导者可不像真正的君子那样，他们不仅不尊重贤能，还亲小人而远贤人，亲近不该亲近的人。这样的例子不胜枚举，历史上那些被蒙蔽了心智的昏君，无不是喜听谗言的人，被小人那些漂亮的话语蒙蔽却又不自知，还把他们放到了很重要的位置，让那些本该受到重用的贤人远离了自己。屈原之所以投江，就是因为像他这样真正热爱楚国，能够真正为楚国谋福祉的人，没有得到楚国君王应有的尊重。

一个君王如果不能把重要的位置交给适合的贤人，反而亲近那些不该亲近之人，那么贤能的人、有德行的人、真心为国为民肝脑涂地的人，会被迫远离，国家往往会因此出现大的问题，走向衰败，直至灭亡。唐玄宗统治初期，他的身边围绕着很多很伟大的政治家，比如，姚崇、宋璟、张九龄等；可是到后期，他宠信小人，任用佞臣，致使贤能离他远去。作为一代帝王，该亲近的人他不去亲近，还把过多的精力用在了不该用的地方，最终导致了"安史之乱"，置国民

| 十一 | 君子要有识人之明

于祸患之中，国家也由此走向衰落。

任何拥有一定社会地位的人，总是会听到各种声音，有批评的，也有赞扬的。而在那些赞扬的声音中，有些是因为说话者在寻求共同发展的过程中受益了，发自内心的赞美或者赞赏之语；而有些则是说话者带着某种目的不得不说的漂亮话，以及歌功颂德的话，说话者只是单纯为了满足自己的私欲，博取信任而曲意逢迎。那些曲意逢迎的人就是人们口中的"小人"，是需要引起每一位领导者警惕的人。领导者如果总是亲近小人，真正的贤人往往会因为被排斥而远离，这样，领导者的事业也会出大问题。

"贤其贤而亲其亲"，实则是《大学》对领导者的提醒，就是领导者要有识人之明，有用人之慧。其实小人和君子不难区分，他们之间的根本区别就在于：君子说出的话，通常以道义为标准。他们不会曲意逢迎，专挑领导者爱听的话讲；他们只讲对组织发展有利、对国家稳定有用的话，他们是真心实意地对国家好，对领导者好，有时虽然是用尖锐的语言进行批评，但出发点是出于"道心"。小人则不同，小人的话背后目的就是利益，他们做的一切只是为了满足自己的私欲，为了更好更方便地得到想得到的利益。他们奴颜婢膝，只说领导者最爱听的话，为领导者歌功颂德。而且他们善于抓住领导者的心理，掌握领导者的的弱点。

明智的领导者，会亲近那些该亲近的人，尊重真正贤能的人，任用该用的人，使国家政治清明，社会稳定，老百姓安居乐业。在这样的社会环境之下,"小人乐其乐而利其利",人们乐于生活在这样的时代,共享太平盛世。"此以没世不忘也",他们就像周文王、周武王一样,即使人已经逝去,他们德行的光辉仍然闪耀在人们的心中,让人难以忘记。人一定要有成为他人典范的志向。再伟大的领导者,肉体也不可能永恒;再贤明的领导者,总是要退出历史的舞台,可令人"没世不忘"的,能够名垂青史的,仍然是他们创立的令人难以忘怀的时代,以及他们治理社会的智慧和精神。

一个人究竟能成为什么样的人,有什么样的机会,取决于各种要素。但是不管处于什么样的岗位,做什么样的工作,一定要努力成为他人眼中的典范。成为他人典范的人,即使将来不在这个岗位,或者职位上了,仍然会被人们记得,是别人的学习榜样。雷锋本是一个普通的战士,可是他在普通的岗位上做出了不普通的事,把普通的自己做成了世人眼中的模范,成了全国人民争相学习的榜样。

《大学》在这章引用了《诗经·周颂》中《烈文》篇的诗句——"前王不忘",引申至"君子贤其贤而亲其亲,小人乐其乐而利其利",旨在启示人们,一定要懂得识人,区分出真正的君子和小人。尤其作为一个领导者,千万不要被小人的花言巧语蒙蔽,一定要分析说话者语言背后的真实意图。如果一个人处处以企业的发展、社会的发展、国家的发展作为自己说话的依据,他就是真君子,即使他说得难听一点,也值得爱惜。只有尊重该尊重的人,重用该重用的人,把人用好了,事业才能兴盛发达。

| 十二 |

以人为本的事业发展之道

> 子曰:"听讼,吾犹人也,必也使无讼乎!"无情者不得尽其辞,大畏民志,此谓知本。

"听讼,吾犹人也,必也使无讼乎!"所谓"听讼",就是审案,判案子。这句话的意思是,审案、判案,"我"也会和别人一样,希望以后社会上永远没有诉讼,希望人们不通过诉讼就能解决遇到的问题和纠纷。这里以《论语》中孔子的这一句话为引子,表达了中国传统政治文化中的一种智慧。孔子做鲁国的大司寇时,审判案件是他要面对的日常政务,这又是非常琐碎且不太讨人喜欢的一项工作,处理不好很有可能令案件的当事双方或者相关的几方都不满意。因此,孔子才有了这样的感慨:"必也使无讼乎!"人民这种境界非常高,主要基于两个层面:从低级层面来看,是希望争议的双方不走诉讼的路；从高级层面来看，是希望"天下无贼"，社会上都是道德高尚的人，使得国家井然有序。

实际上法院诉讼越多，政法系统的压力越大，越说明国家道德文化建设的缺失或不足。当一个国家的文化和道德建设跟不上社会的发展时，通常会产生很多社会矛盾，而处于社会矛盾中的双方或者几方，如果不能自行处理或者解决，就会发起诉讼。反之，如果社会的文化和道德建设跟得上社会的发展，人们的思想道德水准得到极大提高，兄弟姐妹之间、朋友之间、邻里之间，很多小纠纷、小摩擦，在经过协商之后，通常能和气地化解，也就没有必要闹到诉讼的地步，这就是孔子所希望的"必也使无讼乎"的状态。

很多时候的争执和纠纷，源自争执双方的修为不够，争强好胜者不懂得谦让，面对失去的一些小利益，或者小冲突，看不破也放不下。任性固执者，沉迷于争执的恶局无法自拔，不肯相让，只争输赢。争执双方往往让争执愈加复杂，把矛盾不断地激化升级，最后不得不通过法律途径解决。即使法院有了判决，如果处于矛盾中的人修为不够，无论法院怎么判，他们也都会觉得不公平。就此我曾经访问过一些法院的领导者和法官，他们肯定了这一点。有些法官抱怨，很多案件他们也尽了最大的努力，会设身处地为当事人着想，也尝试帮助当事人走出困境，可是面对最终的判决结果，很有可能处于矛盾中的所有人都不满意。在我看来，关键问题出在人心上，是因为处于矛盾中的人只站在了自己的角度，一心想着如何使自己的利益最大化，

十二 以人为本的事业发展之道

不懂得谦让，心里也容不下别人，再公正的判决，也无法满足他们的想法。

"必也使无讼乎"从小的方面来论，是希望当事人根本不走法律诉讼的这条路，而是通过互相协商、互相谦让，自己解决问题。从大的方面来论，是要人能够站在更高的角度，从国家的层面去看待问题，就是整个国家"天下无贼"。国家政治清明，道德和文化建设得非常繁荣，通过法律解决案件的情况也就会相应减少。反之，道德文化建设没有跟上，人民的信仰没有树立起来，社会上的冲突就会变多，到法院里诉讼的人就会变多。

"无情者不得尽其辞"，审理案件时，对那些巧言令色、胡说八道的人，或者颠倒是非，把黑的说成白的人，一定要多加谨慎、仔细辨别。律师工作的本质应该是厘清事实，维护社会公正。但是，也不乏一些别有用心的律师，为了满足自己的私欲，故意隐瞒事实真相，颠倒是非，误导法官。此时法官就需要警惕了，要仔细聆听、用心辨别，还要"无情者不得尽其辞"，不给那些善言巧辩的诡辩之人更多说话的机会，谨防他们的语言陷阱，避免受其错误引导，做出不公正的判决。

法官最该敬畏的是"民志"，要"大畏民志"。这里的"畏"，是敬畏。尽管法官审判案件要以事实为依据，以法律为准绳，归根结底敬畏的应该是民心，是人民的利益。实际上不管是哪个级别的领导者，都应该敬畏民心，敬畏人民的利益，把人民的事当成自己的事，

"此谓知本"，或者"此谓知之至也"。一个国家只有把全心全意为人民服务，真正把人民放在至高无上的地位上，把让人民幸福当作自己施政的根本方针，才能获得民心，让社会稳固而持续发展。反之，执政者净说一些漂亮话，不为老百姓尽一份力，最终会被百姓唾弃。

一个人是否能名垂青史，取决于他为人类做出了多大贡献；企业要想取得长久的发展，就得看员工有没有真诚地工作，客户能不能认可企业的产品；国家要想长治久安，欣欣向荣，就得依赖人民的支持和拥戴。只有社会政治清明，分配公正，老百姓才能安居乐业；人民有文化、有德行、有信仰，诉讼才有可能越来越少。当人们都不为自己的小钱着想了，社会才有可能越来越好。这是《大学》通过孔子"听讼，吾犹人也，必也使无讼乎"这句话，道出了中国传统政治文化的智慧和情怀。

|十三|

开启心中的认知能力

（此谓知本）
［所谓致知在格物者，言欲致吾之知，在即物而穷其理也。盖人心之灵莫不有知，而天下之物莫不有理，惟于理有未穷，故其知有不尽也。是以《大学》始教，必使学者即凡天下之物，莫不因其已知之理而益穷之，以求至乎其极。至于用力之久，而一旦豁然贯通焉，则众物之表里精粗无不到，而吾心之全体大用无不明矣。此谓物格。］此谓知之至也。①

朱熹在研究《大学》时发现，《大学》的文体结构有缺失。前几章总述了"三纲八条目"的概念：什么是格物，什么是致知，什么是诚意，什么是正心，以及什么是修身、齐家、治国、平天下，而要把这些具体内容解释清楚，需要一个理论的铺垫。有了理论的支撑，才便于人们更好地理解，为什么通过"格物"，就能够"致知""诚

---

① 此部分为朱熹依据程子之意补充。——编者注

意""正心"等。

中国文化对整个世界的观察，或者对世界的理解，靠的是人"心"。这个心不是指生理意义上的脏器，而是指人类本身具有的功能。是指人类与生俱来的一种能力——认知能力。比如，人们听了一场激动人心的讲座，见识到一个美轮美奂的场景，内心迸发出一种从未有过的感受，这种感受的能力就是"心"。

人的这种能力是天生就有的，是人类感受世界、领悟世界的能力。并且，人类的这种能力或者认知，还会在不断与世界万物打交道的过程中提高或者升华。例如：《禅宗公案》里的故事，可以让人一眼看穿故事当中的祖师爷会在哪个点上点拨学生，他想怎么点拨，会如何启发，以及他的真实用意是什么。寥寥几十字或者几百字的一则小故事，时隔几百年、几千年，乃至更加久远的时间，不需要任何人的任何启发，一下子就能读懂。这是人与生俱来的智慧。尽管这种智慧经过后天训练会得到不断提升，但更依赖于人们天生的慧根。

这也是朱熹为《大学》补充这段内容的用意，他想告诉人们，每个人具有与生俱来的认识世间事物的能力，要想把这种能力激发出来，就要"格物"，不断学习探究世间万事万物的规律，而后"致知"。"致知"就会使人们更好地理解世界、洞察世界、从而更好地把握万事万物的规律。而在这个过程中，如何启发他人"格物"，或者开启自己的"格物"之旅。在这里我为大家分享一则《论语》中的小故事："有鄙夫问于我，空空如也。"一个没有受过教育的人问孔子问题，可孔子对这个人谈论的问题"空空如也"，即一无所知。孔子只好"叩其两端而竭焉"，通过不断向这个人提问题，启发他本人对问题的理解和看法。于是，答案就在两个人不断地一问一答中显现出来。

把答案直接告诉别人，从来不是一个明智的做法，不论答案对错，对方都有可能因为缺乏对事物的全面了解，无法掌握其根本，也就无法从根本上解决问题。比如，有人问我教育孩子的方式，如果我只是简单地告诉他：光给孩子吃好穿暖是不行的，还要教育好他；要想教育好孩子，光有文化教育也不行，还要有良好的道德教育；有了良好的道德教育，还要让他掌握安身立命的本领……如此说教，家长未必能得其要点。但是，当把一个个答案变成一个个问题，反问于他，他就会主动思考其中的关键所在。不停地反问，对方不断地回答，就会越来越指向问题的核心，从而让提出问题的人找到自己想要的答案。

"叩其两端而竭焉"，是孔子很伟大的育人智慧，其实就是孔子教育学生时所强调的"不愤不启，不悱不发，举一隅不以三隅反，则不复也"。人们在读书的过程中，难免会遇到一些一时无法理解的难题，不要一上来就去开导他们。要尝试追问，启发他们主动思考的意识。即使他们得出的答案离正确答案只差了一层纸的距离，也不要直接告诉他们答案。要继续从不同角度启发，让他们自己思考如何捅开这层纸。成功捅开了隔在问题与答案之间的那层纸，他们心里便有了清晰的脉络，只是他们还不能够非常完整地把心中的答案正确地表达出来。这时，老师再去点拨启发他们，才能让他们对事物有更加全面深刻的认识，真正懂得蕴含其中的道理。

中国传统文化里有一个很重要的智慧，就是朱熹所说的，人人天性里都有的理解世界、感受世界，以及觉悟世界的能力。孟子称其为"良知""良能"，并把它概括为人的四种能力：恻隐之心、是非之心、辞让之心、羞恶之心。这些"心"，就是孟子所说的人们天性里的"不学而能，不虑而知"的能力。比如，即使是没有受过教育的人，看到有人遇难也会难过，看到有人被打也很心疼，看到人受欺侮也会同情……这种"良知"是人的天性，不用人教，只要找到将其激发出来的点，并激发出来，人就能光亮起来。

尽管人人都有这种能力，却各有不同。区别就在于，每个人所具有的这种能力被蒙蔽得多与少。一个人之所以聪明，是因为他天生的觉悟能力和认知能力被蒙蔽得少，被污染得少，看待问题就会比较透彻，分析能力就会比较高。反之，当这个人的内心被污染得很严重，心性上污垢很多，他对整个世界的感知程度就会很弱。就像庄子所说，"其耆欲者深，其天机浅"，一个欲望很重的人，智慧必然很浅。当人心不被各种欲望扰动时，他就能"定"，有定力的人，一般会比较有智慧。

当人的心不起浮动、不被干扰，心里反映出来的整个世界就会很清晰、很透彻。历史上那些伟大人物，表现出来的特质一般有两个：

一是比较清净，二是很有定力。具备这两种特质的人，智慧都比较高。比如曾国藩，他会通过打坐的方式修其"定力"，通过反省的方式修其"清净"。他有写日记的习惯，一般来说喜欢写日记的人都比较善于自省，经常把自己那些不好的动心起念记录下来以便反省，提示并警醒自己不要被不好的心念带歪了脚步。当一个人具有一定的定力时，就能更好地保持住自我内心的清净。人的内心越是清净，越能正确看待外在世界。换言之，一个人达到的清净的程度和高度，决定了这个人智慧的程度和高度。所以，一个内心很清净的人，会有很强的定力，也一定是智慧很高的人。

"所谓致知在格物者，言欲致吾之知，在即物而穷其理也"，要想做个真正的明白人，做任何事都能清楚明白，做得好，做得到位，就得"在即物而穷其理"，就是在与世间万事万物打交道的时候，能够充分体会到蕴含其中的"道"，掌握其运行规律及存在意义。

如何才能体会到蕴含其中的"道"呢？"盖人心之灵莫不有知，而天下之物莫不有理"。这里所谓"盖人心之灵莫不有知"，指的就是人天生都有认识世界的能力。"而天下之物莫不有理"，就是告诉人们，这世间的万事万物，都有它的"理"，都有它的"道"。比如，有些人在喝水的时时候，会用一些制作工艺精美的陶瓷杯。每次看到它，都能感受到一股绿意盎然的清新；每次用它喝水，都仿佛品尝到了春天的味道。这样一个精致的杯子，通常无法从表面观察出它体现了什么"道"，但要想做成这样的杯子，则有其必然的流程和制作方法。首先要弄清楚制作杯子所需要的土质，挑选出最适合的土按照比例混合，压制成型，进行干燥处理，再修整、上釉、烧制等，有的还要找技艺精湛的艺术大师为其雕刻美化。在这个过程中，需要调动各种相关的力量，把各种要素很好地组合在一起，只有人力与自然界的物质完美地和合一起，才能生产出精致如艺术品的杯子。缺失任何一个环节，都无法带给人们那样美妙的感受，这就是"道"。

认识制造杯子的"道"，是人本身具有的能力，之所以有的人还不知道这种能力，那是因为"唯于理有未穷，故其知有不尽也"，尽管人们认识这个世界的能力是无穷尽的，但是天下所有的物都有它的理，也是无穷无尽，是人们还没有找到"道"。"是以《大学》始教，必使学者即凡天下之物，莫不因其已知之理而益穷之，以求至乎其极"。《大学》给人们的教育或者指导，就是让人们通过不断与天下万事万物打交道，找到"道"，并且能够很好地去领会"道"。当人们掌握了一定的知识，或者理解世界的能力，再去和世间万事万物打交道时，人们的格局就会被不断地拓展，认识能力也会得到不断提高和升华，即"以求至乎其极"。

"至于用力之久，而一旦豁然贯通焉，则众物之表里精粗无不到，而吾心之全体大用无不明矣"，为了能够更好地认识世界的"道"，就需要人们在认识世界的过程中，把人天生的认知能力充分开启并拓展出来。当一个人的修为和智慧持续不断地被开启时，则"用力之久，而一旦豁然贯通"。持续开启自己的智慧，时间久了，达到了一定程度，这个人就会豁然开朗，融会贯通。这时候他的心就不会被蒙蔽，对整个世界的"道"会有比较清晰的把握，此时"则众物之表里精粗无不到，而吾心之全体大用无不明矣"，这样的人能够充分领会蕴含于世间万事万物的道理。

朱熹特别强调通过"格物"，从而达到"致知"的认知次第。在这个过程中，要始终能够带着天性里的认识能力去认识世界，才能在认识世界的过程中，更好更持续地提高自我认识能力，直到有一天醍醐灌顶，豁然开朗。这时候人就会对外界的认识更加精到全面，也会更加通达。诚如他在《观书有感》中所描述：半亩方塘一鉴开，天光云影共徘徊。问渠那得清如许，为有源头活水来。这里的"半亩方塘"喻指人"心"，一个人在"格物"的过程中，在与万事万物打交道的过程中，天性中的认识能力就会被打开。一旦被打开，人就会豁然开朗，就能够有"天光云影共徘徊"的贯通，那些外在的事物——天光云影，就会在人心里被映照得非常清楚，这是人的智慧打开了。智慧的涌现，让人不再依赖于外部的学习和探索，而是"问渠那得清如许，为有源头活水来"，内在的智慧和能力，会化成一种能量源源不断地向外显露出来。这首诗深刻反映了朱熹先"格物"，而后"致知"的哲学思想，也能带给今天的教育者们一个启发——好的教育不是灌输式的说教，而是通过不断开启人们天生的、内在的智慧，让人们更好地认识世界，并在认识世界的过程中更好地发现自己，提高自己。

实际上人们在接受教育的过程当中，内在的认识能力一旦被开启了，一定能够成为极具创造力，又朝气蓬勃的人。"此谓物格，此谓知之至也"，"格物"之所以能够"致知"，就是人的认知达到了顶点。所谓"顶点"，就是一个人豁然贯通的状态。这样的人，就是达到了"知之至也"的人，他们内心的认识能力被全然开启，能够清楚天下万事万物之理，心胸开阔，为人宽容通达。

朱熹对《大学》的这段补充很重要，是他研究中国哲学和中国文化以后，为了让人们能够更好地理解"格物""致知"的道理，做出的理论性总结，也为更好地引出下文做出了铺垫，让《大学》在结构上更加完整。所谓格物致知，就是要人们找到自我心性之中的良知，而后开启它，"即物而穷其理"。还要不断地去修、去悟、去反思，更好地养护它，才能更好、更有智慧地观察世界，发现世界，有能力面对生活中的各种问题，从而更好地处理生活中的纷纷扰扰，焕发出生机。

| 十四 |

向万事万物学习生存的智慧

[格物、致知、诚意、正心、修身、齐家、治国、平天下。①]

"格物、致知、诚意、正心、修身、齐家、治国、平天下"这八个修身次第,被称作《大学》的"八条目"。为了让大家更好地了解《大学》"八条目"的内容以及蕴含其中的意蕴,在正式解读"八条目"之前,我也为其作了一个补充,就是我所理解的"格物致知"。

何为"格物致知"?不同的思想家有不同的理解。王阳明提出的"格物",即"格物欲",就是格去人们心中对外在事物的贪欲,从而恢复人们天生的认识能力以及觉悟能力等。无论是朱熹《大学》中的补录,还是王阳明的"格物欲",抑或是其他思想家对"格物"做出

---

① 本文是作者为读者更好地理解其后的内容,作出的补充说明。

的不同的释义,都没有绝对的对错,不同的人会有不同的解读。我也有一些体会,愿与大家分享。

世间万事万物均有其"道",即使一花一草,其背后也都蕴含着一定的道理,它无所不在,无一遗漏。《庄子》记录了一则故事,就是东郭子向庄子问道时,非要庄子说出"道"具体存于何处,庄子则以人们生活当中常见的几个最为粗鄙之物作答:"在蝼蚁","在稊稗","在瓦甓","在屎溺"。这是庄子的智慧,所列举之物越是细小,越是粗鄙,往往越能体现事物的本质。道的精微和广博,它无所不在、无所不包。

不管"一叶一菩提,一花一世界",还是"一水一天堂",任何一个事物都有它的道,都有它的必然规律。而一个人体会到"道"的过程,就是"格物",这也是人与世间万事万物打交道时,领会出蕴含事物之"道"的过程。比如观察小草的生长,体悟小草生长的智慧,学习小草努力向上的精神,就是一个格物的过程。关于草这一事物,生长在北方的人感受会更为深刻。每当春风吹来,天气回暖之时,小草会拼命地破土而出。无论外界的自然条件有多么恶劣,给了小草多少禁锢的力量,它都会努力向上向外突破,展现出生命中积蓄已久的能量。即使在它上面压着石头也无法阻挡它破土而出的力量,只要有一点缝隙,它也会挣扎着从这个缝隙间冒出。

到了春夏之交之时,小草变得繁盛,有的还会开出花朵。这个阶段是小草这一生中最灿烂的阶段,而后它会为下一期的生命做好充

十四　向万事万物学习生存的智慧

分准备。这并不代表小草这次生命之旅的完结，它还要吸收更多的能量，为秋天缔结种子做好充分的准备。

关于小草的结籽，北方民间流传着一句谚语："立秋十八天，寸草结籽。"意思是立秋十八天后，小草即使只有一寸之高，也必须结籽。小时候听大人说这话时，总弄不明白为什么立秋十八天，小草必须结籽。长大了之后才弄懂，这是因为立秋之后的天气越来越冷，是自然界不可抗拒的大趋势，如果立秋十八天小草还结不出籽，它就没有办法孕育下一期的生命。因此，哪怕只有一寸高的小草，都得结出籽来，为这一生做出一个了结，为重生做好必要的准备。

到了秋风瑟瑟、落叶飘零的深秋时节，小草会变得枯黄，这是它的生存智慧。它要以此储藏能量，把全部能量收在根部，对抗寒风凛冽、大雪纷飞的冬天。由于它的根系积蓄着生命中所有的能量，无论冬天的天气多么恶劣，都足以让它有力量迎接下一个春天的暖阳，为再次破土而出、绽放生命的光彩做好充分的准备。

一年一度轮回往复，这是小草生长遵循的规律，也就是"道"。实际上我们每一个生活在这个世界上的人，都像小草一样，当寒风凛冽的时候，就得想办法躲到土下积蓄能量。

学会在寒冬中收敛锋芒、积蓄能量，才能在王冠戴在头上之时，能承其重，让人生的精彩更加从容自然地绽放。反之，不具备抗击严寒的能力，非要在寒风凛冽、大雪纷飞之际抽出嫩芽，必然会被恶劣的环境冻僵、冻死，也再无重生的可能，这是宇宙的智慧，也是自然之道。其实每个暖意融融的春天，小草破土而出的机会，都很像人们生命当中的每一个难得的机遇，抓住了它，就能创造出这一辈子当中应有的精彩。

小草的一生，能给人们这么多启示，让人们从中领会到这么多道理和智慧，以及可供人们学习的、努力向上的精神，可见宇宙大道之广博、之精微。人这一辈子要想功成名就，需要很多条件的积累，更需要在一个方向几十年如一日地反复练习，反复积累。这还远远不够，还需要有真正赏识他的人给他机会，他也能巧妙地抓住并处理好机会带来的方方面面的关系等。只有认认真真地为所要面对的各种环境和条件做好准备，能够及时抓住出现在生命中的每个机会，才能支撑起一个靓丽的人生。反之，一个人没有多少真本事，也缺乏相关的工作经验；工作中既得不到领导的认可，也得不到同事的支持，什么条件都不具备，也就很难活出他想要的精彩。

我个人认为，所谓格物，就是要人们向万事万物学习所有生命昭示给人们的"道"。还要人们在与万事万物打交道的过程中，学会倾听，学会领悟，学会洞察……并以此作为滋养自我人生智慧的营养，不断提升自己，完善自己，修炼自己，这就是格物致知，也是人们的生存之道。

| 十五 |

擦亮心中本来就有的道心

> 所谓诚其意者,毋自欺也,如恶恶臭,如好好色,
> 此之谓自谦。

"所谓诚其意者,毋自欺也",这里的"诚其意",是要人们保护好自己心里本来就有的、干干净净的觉性或者良知,不让其受到外在的污染,这个状态就是"毋自欺"。反之,做了不该做的事以后没有愧疚,还不断地说服自己没事,这就是"自欺"。实际上,要想保护好心中本来就有的良知,就得让自己的意念诚实,不要自己欺骗自己。而所谓的良知,就是前文中我们讲述过的每个人心中都有的天生的判断是非的能力,这个能力来自自身,不假外求,不用人教。比如,两三岁的小孩儿见到自己的家长受到欺负,或者不小心摔倒了,碰疼了,他们也会去安抚家长。这不是我的个人体验,相信很

多有孩子的家长都遇到过这种情况。小孩儿主动安抚受到伤害的家长，绝大多数都不是在家长教导或者提示下做到的，这是人的天性里自带的一种能力，是人的怜悯之心或者恻隐之心作用的结果。

　　前文中我曾提到过孟子提出的"四心"，分别是恻隐之心、是非之心、辞让之心①、羞恶之心，而这"四心"同样也是人们先天的、共有的能力。要想更好地理解"诚其意者，毋自欺"，就要明白孟子的"四心"的含义。我先以孟子"今人乍见孺子将入于井，皆有怵惕恻隐之心"的例子解释究竟什么是"恻隐之心"。人们看到孩子落入井水中时，生出的第一个念头就是马上把这个孩子救上来，哪怕自己不会游泳，也会赶紧想其他办法搭救。如果落水之人没有得到救治，人们还会特别心疼，甚至还会自责内疚，这其实就是人的"恻隐之心"。什么是"是非之心"呢？如果人们听到有很强势的人欺负弱小的人，立马感到异常气愤，甚至想出手相帮。而所谓的"辞让之心"，也是"礼让之心"，从字面很容易理解它的意思。比如年轻人辛苦工作了一天，倍感疲累，好不容易排队坐上了公交车，就想舒服地坐到站，闭着眼睛休息一会儿。这个时候上来一个老人，就站在自己身边。如果让座给老人，内心有些不情愿，因为辛苦工作了一天，自己也非常需要坐下来好好休息调整一下紧绷的状态；如果不让座，又难以忍受如坐针毡般的煎熬，最终还是把座位让给了老人。

---

①　孟子所谓"四心"，还有一种说法是指恻隐之心、是非之心、恭敬之心、羞恶之心。本书仅采用其中一种说法，旨在说明人的天性。——编者注

十五　擦亮心中本来就有的道心

"羞恶之心"其实就是人们天生的感到害羞的"羞耻心"。王阳明先生在讲"致良知"时，跟他的学生谈到人人天性里都有"良知"，被其中一个学生质疑。这个学生认为，那些罪大恶极的人，或者脸皮极厚的人是没有良知和羞耻之心的。恰逢几日前王阳明抓住一个大盗，次日要公开审判，他就让学生躲在幕后旁听。起初这个案犯无比猖狂，认为自己杀人放火，恶事做尽，也不过一个"死"字而已。因此，不管王阳明问他什么，他都回答不知道，一副任由处置的无赖相。

那天天气很热，王阳明仍然让人在大堂内生了火盆。不多一会儿，犯人就开始喊热，王阳明同意他脱掉外衣。由于大堂内的气温太高了，王阳明示意他可以脱光上衣。在公开场合，尤其在公堂之上，当众脱光上衣，对于大多数人来说，会有些不好意思。但这人不同，非常坦然地脱光了上衣。审判继续进行，又不多一会儿，这人再次喊热，王阳明再次示意他可以脱掉裤子……直到这人身上只剩下了一件衣服，仍然汗流不止，他仍不住喊热，王阳明示意他可以脱掉最后一件衣服。可是，无论如何劝说，他始终不愿意除掉最后一块遮羞之物。此时，只见王阳明一拍惊堂木，大喝一声"脱"！这人惊惧之下，竟下意识地蹲在了地上，生怕衙役给他脱掉。

这个故事有多个版本，由于时代久远已无法探知其真实性，其核心内容却大致相同，都是为了更好地表达人人心中都有良知的思想。人人心中有恻隐之心、是非之心、辞让之心、羞恶之心。既然人们天生具有这些能力，就应该"诚其意者，毋自欺"，千万不要再去做自欺欺人的事了。我小的时候，有一次在菜园揪了别人家的茄子，尽管父母不知道，邻居也未找上门，但是心里知道这样做是非常不对的。我自己也很后悔做这件事，常常感到难过和自责。那时我还没有上学，如今这么多年过去了，我依然清晰地记得当时那种难过的感受。实际上做错了事的人，不敢说百分之百都明白自己是在做错的事，但绝大多数的人是知道自己做得不对的。有些人也知道不能做违法乱纪的事，但他还是做了，等待他的必然是法律的惩罚，以及一个无法弥补、无比遗憾的人生。

"如恶恶臭，如好好色"，人们天生讨厌那些腐烂的臭味，不愿意做不该做的丑恶的事；同样的，人们也喜欢那些美好的事物，喜欢做一些能够得到他人尊敬和认可的事。但事实如何呢？很多人明明知道某件事不该做，可他们偏偏做了，这就是"自欺"了。这种自己欺骗自己、自己麻醉自己的事一旦做得多了，"诚意"就会减少，也就是这个人天生的判断能力、是非能力就被减弱了。保护好自己的道心，擦亮心中本来就有的道心，就是"诚意"。做到"诚意"的人，就有一个喜悦知足的人生。

人们不断"诚意"的过程，其实就是找到自我心中本来就有的良知的过程。找到了良知，人心就能光明，人就能喜悦知足。这仅仅是一个开始，后续还要好好保护它，不要让它再被外在不好的事物蒙蔽，不要再被外界的"恶腐"之事污染。

| 十六 |

心广体胖的智慧

故君子必慎其独也！小人闲居为不善，无所不至，见君子而后厌然，掩其不善，而著其善。人之视己，如见其肺肝然，则何益矣。此谓诚于中，形于外。故君子必慎其独也。曾子曰："十目所视，十手所指，其严乎！"富润屋，德润身，心广体胖，故君子必诚其意。

《大学》在本篇对"诚意"作了进一步解读，是"君子必慎其独也"，指一个人特殊状态下的一种修行方式，也就是所谓的"慎独"。意思是君子即使一个人的时候，也能够管理好自己，保持着对规则的敬畏，并始终如一地按规则要求做事。

一般人在公共场合，都能管理好自己。但是，一个人要在没有任何外在约束的环境里、每一个细节里都能管好自己，是极为难得，也是非常不容易。一般而言，一个人独处时，所保持着的状态，通常也是这个人真实的状态和水平。能做到表里如一的人，修为达到了很高的高度，他能够得到身边人的尊敬，是非常了不起的人。我有一个学生，曾经分享过发生在他身上的一件事。他有一个特别要好的同学，非常喜欢中国传统文化。有一次，两人聚餐后一起回家，途经十字路口时，红灯亮了。因为路上就他们两个人，他就想闯红灯穿过马路。他同学并没有马上阻止他，而是轻轻地说了一句："君子慎其独也。"尽管声音很轻，他却完全听了进去，并且心里"咯噔"一下，有所触动。

如今几年过去了，他仍然忘不了那个情景，因为当时大街上没有其他人，警察也不在场，也不见得有摄像头，他同学还能保持着这样的自律，令他非常震撼和敬佩。实际上人在独处时的表现，考验的是一个人修为程度的高低，只有修为很高的人才能始终如一地保持着对规则的遵守和敬畏，按照该遵守的规则和要求做事。这样的人通常也是非常有智慧的，就像我学生的那个同学，他并没有直接批评同伴，只是轻轻地点了一下，并且点得非常到位。

"小人闲居为不善，无所不至，见君子而后厌然"，小人在独处的时候，什么事都敢干，任由着私欲膨胀，根本不会理会事物的规律规则，也没有任何底线，他们由着自己的性子来，以致做出违法乱纪的事。可是他们一旦见到那些为人正直的君子，或者见到有修为的人，也会感到羞惭，会把自己做过的不好的事掩藏起来，尽可能地展示自己光鲜善良的，或者很守规矩的一面。只是"人之视己，如见其肺肝

|十六| 心广体胖的智慧

然，则何益矣"。小人做了很多不该做的事，甚至做出了违法乱纪的事，见到君子时却又要伪装起来，可他们哪里知道，那些德行高尚的君子看待他们，如同看见他们的心肺肝脏一样清楚明了。小人费尽心思地伪装自己又有什么用呢？无非"自欺"而已。实际上一个人到底是什么样子，其本质如何，是很难伪装的，也是隐藏不住的，"此谓诚于中，形于外，故君子必慎其独也"。内心很干净、有修为的人，呈现在外的必然也是高尚、有修为的状态，"故君子必慎其独也"，有没有他人在场，有没有外力约束，君子都能始终如一展现着自己良好的行为。

《大学》特别强调"慎独"，因为人在没有任何外在约束的情况下展现出来的样子，才是最真实的样子，能在这种状态下管好自己的人，必然是道心和德行修到了一定程度的人。曾子曰："十目所视，十手所指，其严乎。"曾子的这句话实则为人们道出了一个人"慎独"的原因，进一步阐述了君子"慎独"的意义。生活于天地之间的每个人，不论做什么事，尤其做那些不好、不善的事，就像有很多双眼睛紧盯着自己、观察着自己，很多手指点着自己一样，让人"如履薄冰，如临深渊"。一个做事特别细致，能够不断反省自己的人，会减少很多犯错误的可能。人总是会有很多缺点和私欲干扰着内心的清净，从而产生一些不好的心念，做出错误的行为。为了避免这些不好的念头导致产生行为上的过失，就必须坚持一种做事态度，那就是"如履薄冰，如临深渊"，以减少更多过失的产生，避免犯下更大的过错，给自己的人生带来毁灭性的伤害。

"富润屋，德润身，心广体胖，故君子必诚其意"，这里的"胖"（音pán），是指身体很安适，而所谓的"心广体胖"，则是一个人展现在外的通达的状态。这是曾子针对上文的举例，就是当一个人生活富足时，往往会让自己生活得舒适；同理，一个有德行的人，会在德行的滋养下慢慢展现出来一种通达的状态；而一个人的智慧，通常体现在他为人处世的通达上。这样的人，心像大海一样宽广，没什么想不通的地方，什么事都看得破、放得下，身体自然安适。

现代西方医学也认为，人的很多病症是由情绪所致，也就是中医所谓的"情志病"，因此有"医病医心"之说，也就是说人心安适了，身体才能安适。比如，经常忧虑，脾胃可能就不好；经常生气，肝胆可能不好；心情起伏波动很大，心脏有可能会出问题；悲伤过度，肺容易受到损伤等。而有修为、有智慧的人懂得"心广体胖"，他们的心像大海一样宽广，什么事都能看得破、放得下，心就安适，身体往往也安适健康。

"故君子必诚其意"，这里所谓的"诚其意"，就是要人们护养自己的道心，把心中本来就有的判断是非的能力、觉悟能力及其良知护养好。人这一辈子所有的幸福，都取决于是否护养好了自我心中的良知。护养得好，通常能够过得顺遂安定；护养得不好，不能"诚其

十六 心广体胖的智慧

意",总是要自欺欺人,心中的良知就容易被蒙蔽。良知被蒙蔽得越多,做出蠢事和错事的可能往往也就越多,付出的代价也就会大。其实养护好了"道心",就等于养护好了心中的判断是非的能力,提高了觉悟的能力,这样的人就能够"心广体胖"。

|十七|

修身先要正心

> 所谓修身在正其心者,身有所忿懥,则不得其正;有所恐惧,则不得其正;有所好乐,则不得其正;有所忧患,则不得其正。

前文分别阐述了格物、致知,及诚其意的意蕴,按其应有的次第,本文应讲何为"正心"。正心,实际上就是一个人修身的方法,即"修身在正其心者"。首先,"身有所忿懥,则不得其正",这里的"忿懥",指的是一个人的嗔心,这句话的意思是经常发怒、易怒的人,内心往往难以纯正、清明;而"有所恐惧""有所好乐""有所忧患",同样也会"不得其正",难以让人内心清净。试想,一个人整天担心这个,忧心那个,患得患失,常处恐惧之中,或者心里面有所偏好,有所厌恶,这么多的外在事物或者内在情绪干扰内心的清净,他怎么可能"正心"?

一般来说，内心没有干扰，就是一个人的智慧得以运用的状态。换言之，人的清净一旦被破坏，智慧通常也就会跟着丢了。很多人都是在心灵不平静的状态之下，说傻话和办蠢事。反之，当人处于内心清净的状态下，犯错的可能性会非常小。所以，《大学》说"忿懥""恐惧""好乐""忧患"，就会"不得其正"。实际上生气、狂怒、恐惧、狂喜、忧虑等负面情绪，是很容易扰乱人内心清净的，它们会蒙蔽人心里天生的智慧，让人患得患失，从而失去正确的判断，做出错误的选择和错的事。

佛学中有"戒定慧"的修习方法，强调了"定"对于一个人的重要性。一般来说，心"定"才能生"慧"。一个内心不"定"的人，如同杯中晃动的水。如果想用这样一杯水清晰地映照出天上的月亮，是不大可能的。只有让这杯水保持朗朗清清，并且平静的状态，它才有可能清晰地映照出想要映照的事物，只要杯中的水面平静到没有任何晃动，即使高空中的明月，也能清清楚楚地被映照出来。所以，想让一个人"正心"，就得让他的心"定"，那就不能"忿懥"，不能"恐惧"，不能"好乐"，也不能"忧患"，要排除一切外在因素对心灵的扰动，让内心保持清清净净、心平如镜的状态。只有处在这样的状态里，人的智慧才能显现，看待问题才会周到全面、深刻通透。历史上楚汉之争时，如果刘邦定力不足，在项羽大摆鸿门宴时表现出任何一点恐惧，都很难保证自己全身而退。

开创"贞观之治"的唐太宗李世民，也是一位很有"定力"的人。就在他刚登基不久,颉利可汗趁大唐内部政治不稳定,亲率突厥大军进攻长安。为了牵制突厥军队,为保护长安赢得更多的时间,李世民一边调兵,一边命人在泾阳拦截。泾阳之战,唐军大获全胜。此战的胜利并没有阻止突厥进攻的脚步,却也在突厥的内心扎进了一根忧惧的刺,也给了李世民一颗定心丸。当突厥大军兵临长安时,李世民非常镇定,未有任何慌乱,仅挑选了几位文官陪同,便骑着战马到了渭河桥,与颉利可汗的大军展开对峙。他先是指责对方背信弃义,不顾此前盟约,大起不仁之师侵扰盟国国境。其后,动之以情,晓之以理,与颉利可汗仔细分析此一战之利弊。最终,双方签下"便桥之盟",颉利可汗退兵,长安脱险。李世民这种胆魄与精神,源于他内心的"定力"。人一旦惊慌失措,有所恐惧,往往就会"不得其正",丢掉自己的智慧,失去对时局的整体把控能力。

人这一辈子,一旦"有所好乐",也就有了贪念;起了贪念,心就很难"得其正"。人们总说骗子狡猾,这其实只是一方面;另一方面是人心里的贪念动了,蒙蔽了原本的智慧。骗子无非是利用了人性当中的贪念加以诱导而已。任何一个人,都应重视这一点,尤其是位高权重的人,更要格外关注自己的"好乐",谨防被他人利用。绝大多数投其所好者,并非单纯为了讨其欢心,而是想要获得更多利益。被讨好者,如果不得其正,很容易会被其扰动,丧失原本的智慧和判断能力,无形之中跌入欲望的陷阱。心"不得其正",难以清净,人的智慧和良知就会被蒙蔽,无法对事情作出正确的判断,就会说出不恰当的话，犯下无可挽回的错误，甚至做出让自己终生后悔的事。

要想"正心"，就得修其身，反过来也成立，即"修身在正其心者"。人这一辈子，所做出的正确决策，通常是在心比较清净，没有受到多少干扰的状态下完成的。而说过的傻话，办过的蠢事、让自己后悔的事，以及那些无可挽回的事，大多是因为心处在了动荡的状态里。情窦初开的十七八岁青少年，心很容易被情欲扰动，内心不得其正。恰恰这个年纪，是一个人一生中十分关键的阶段，也是应该拼搏奋斗的阶段。此时恋爱确实为时尚早，如果不能正其心，陷入情欲的陷阱无法自拔，很可能会失去让自己充分释放青春能量的大好机会。

其实对于"早恋"，我既谈不上反对，也说不上支持，只是想提醒处于这个阶段的青少年，人被扰动了心境，专注力往往也就跟着被扰动了。而在十七八岁的年纪，人生正灿烂，应该奋力向上，集中心智做好应做的事，如果做不到心无旁骛，通常会给自己的人生留下难以弥补的遗憾。

/十八/

把生活当作正心的道场

> 心不在焉，视而不见，听而不闻，食而不知其味，
> 此谓修身在正其心。

人们站在不同的角度对这几句话有不同的解释。其中有一种解释表示，人在正心的时候，应该把心放在一个点上，要心无旁骛。可是有的人没有这种制心一处的能力，无法把心安放在一个点上，此时就得有人批评教育他：不能心不在焉，要专注在该专注的地方，否则就会"视而不见，听而不闻，食而不知其味"。还有一种解释表示，正因为一个人专注在事物的中心上，或者一个人在修心时专注在自己的心，他就难以被外在的诱惑干扰，从而能够做到"视而不见"，不被自己眼前的事物侵扰；也能够"听而不闻"，不被外界传来的声音干扰；"食而不知其味"，就连好吃的食物都无法扰动他。据说孔子学

习音乐时,就曾做到"三月不知肉味",可见专注忘我的状态和精神对一个人修养身心的重要性,这是成就人生事业所需要的很重要的德行。

以上这两种解释,表达的中心思想却是相同的,就是一个人的心念应该专注在正在做的事情上,不要被外在的任何事物干扰,要心无外物,这也是王阳明先生修身时的一个体悟。人是否会被外在的诱惑干扰,关键不在外物上,而在这个人自身。比如学校里的考试,有的学生一旦考砸了,就会归因于客观条件,例如:坐的位置离监考老师近,让自己情绪紧张,有很大的心理压力,致使发挥失常。听起来仿佛很有道理,实际上他是在掩盖自己没有学好这个事实。离监考老师近的学生不只他一人,应该还有其他考生;老师也不可能一直坐在一个位置上不动,通常都会在考场内来回走动,一会儿离这个人近一点,一会儿离那个人近一点,考生的分数却是千差万别。考得好的同学,除了在考试的过程中能够做到"心外无物",不受外在事物的干扰,他们在平时的学习当中,通常也能做到制心一处,不为外物扰动,让自己习有所得,学有所获,也能在考试中从容淡定,把所学和所得正常地发挥出来。而考得不好的同学,心总被外物扰动,他们"制心一处"的能力比较弱,还常常把自己考得不好的原因归于外在的事物上,不去思考自己应面对的问题,也就很难让自己进步和成长。

孔子说:"君子求诸己,小人求诸人。"遇到问题要善于从自身找原因。考不好的原因有很多，主要还是在自身，比如没有复习好，平时积累不够等；当然也不能排除个人心理素质差，抵御外部干扰的能力差的因素，那就要想办法提升自己这方面的能力。一个人在遇到问题时的归因方式，往往决定了这个人将来解决问题的方式。当他把遇到问题的主要原因归结为自身时，就会更加发愤图强，完善自己、提升自己；反之，一旦遇到问题，就把主要原因归结为外部客观条件，从不反思自己的问题和责任，就容易成长为怨天尤人、愤世嫉俗的人。

"视而不见，听而不闻，食而不知其味"，《大学》想通过这三句话提醒人们，人一辈子要想做出一番事业，应该达到并努力保持一种状态，就是心无旁骛、专心致志，把心定在一处。要想达到这种状态，就不能"心不在焉"；想要更好地安于当下，就要正心，"此谓修身在正其心"，正心也是修身的关键。

实际上，修行最核心的部分就是修心，要不断尝试并学会把一颗散乱的心集中在一个点上，心无旁骛，其实这也是对人的定力的培养。我认识一位水平很高的茶道老师，曾经跟我分享过茶道的关键。他说茶道最核心的三个状态分别是：第一，手到，手要随着茶走；第二，眼到，手在哪里，眼要跟到哪里；第三，心到，茶在哪里，心就要跟到哪里。

另外，茶到要闻香。当鼻子凑近茶杯的那一刻，闻香之人就得把"万缘""万事"都放下，把身心放空，而后用空灵的心态去品茶，这样,心神才能凝注在茶味上。任何形式的背后,都有它的道,仅闻香这样一个简单的动作,都有其基本的要求:要把一颗非常散乱、患得患失的心,集中到一个地方,专注于一处,还要把人心里的各种念头都放下。喝茶时也要注意,不要茶汤一进到嘴里,就一口吞下去,要去细细品味。茶汤在舌尖,与在舌的中部或者后部时的味道都是不一样的。咽下去的时候,眼、耳、鼻、舌、身、意也要跟着茶汤走,跟着茶的感觉走,要做到"茶到哪里心到哪里"。

如果不能做到像茶道高手那样"手到、眼到、心到",不能在这一过程当中制心一处,所谓的茶道也就是一个形式。实际上凡是"道",都在心上。一切修道,都是在修人心,不管是社会管理,还是企业管理,抑或是在校的学习,如果不能从人心着手,有所改变和升华,其效果必定大打折扣。

人们修身学道,层次上可能有深浅高低,但其大方向都是一致的。中国古代音乐原本是"经"[①],是能为人指路的。有一次,我参加一位老音乐家的演奏会,当时他正在弹奏一支古曲,尽管我不懂古乐,却听进去了。这位老音乐家颇有修为,他的手指刚一触到琴弦,"噔"的一声响起,瞬间周边没有了声息,万籁俱寂,仿佛连时间都停止了。我的心中充满了期待,渴望着听到下一个音符的发出,可始

[①] 关于《乐经》的说法学界有争议。一种看法认为《乐经》并不存在,一种看法认为《乐经》是某些经书的一部分,还有一种看法是《乐经》在焚书坑儒时被毁。较为人信服的是第三种说法,《庄子·天下》中曾提到过《乐经》。——编者注

终不得回响。正当我的心里开始生出一些烦恼和疑惑，起心动念的一刹那，"噔……"更加悠长的一声在空中炸开，把我心中的各种妄念一下子打散了，打没了，时间又停了下来，周围更加宁静，没有了任何的琐碎杂事……如此循环反复，我彻底被这位老音乐家弹奏的曲子打动，心神渐渐地归于平静。一首曲子听完，我就明白了，古代音乐的魅力，在于它能修心、养心，任何人、任何散漫的念头，在乐声响起的一瞬间，心生的诸多妄念就被打散、化掉了，心也就安定下来，能够"知止"了。

把心集中一处，不被任何外在干扰扰动，专心致志、心无旁骛、制心一处，也就是一个人"正心"的状态。反之，人心一旦被外在的事物扰动，智慧就会被蒙蔽，人就容易犯错误，"此谓修身在正其心"。聚精会神、全神贯注才是一个人做事时应有的状态，如果眼睛盯着书，心却飞到书外，是很难读好书的。同理，人做事的时候，不能专心在正在做的事上，也很难把事情做成、做好。

如果一个人经常被外在事物打断，专注力就会下降。人这一辈子，不管身处哪种行业，要想做成一番事业，就要学会把生活当作正心的道场，尝试把散漫的心定下来、静下来，专注在当下，全神贯注持续地做下去。无论在什么样的岗位，无论做什么事，也就容易做出成绩。

| 十九 |

不让过度的情绪蒙蔽智慧

> 所谓齐其家在修其身者，人之其所亲爱而辟焉，之其所贱恶而辟焉，之其所畏敬而辟焉，之其所哀矜而辟焉，之其所敖惰而辟焉。

"所谓齐其家在修其身者"，就是一个人要想治理好家，把自己的家经营好，就得先修养好自身。一般而言，人在修身的过程中总会出现一些问题，就此《大学》列举了常见的几种问题，其实也是人们自身存在的一些弱点。

首先，"人之其所亲爱而辟焉"，就是人常常会亲近、偏爱那些自己特别喜欢的人。一般来说，人一旦有了特别的亲近，以及特别的偏爱，做事就会偏颇。其次，"之其所贱恶而辟焉"意思是，人如果有了自己不喜欢的、特别讨厌的人，做起事来也容易偏颇，他会认为这些人做的什么事都是错的，从而失去应有的客观和公正。再次，

"之其所畏敬而辟焉"，遇到让自己很敬畏的人，有的时候会因过度认同对方的观点和意见导致自己犯一些不该犯的错误。其后，"之其所哀矜而辟焉"，特别同情一个人，过分地认为他可怜，也会蒙蔽自己的智慧，做出错误的判断。最后，"之其所敖惰而辟焉"，而当一个人很骄傲、很轻慢时，他也容易犯错误。

《大学》在这里道出的人性中的弱点，对于人的修身会产生非常大的影响，使人在修身的过程中难以做到心如止水，从而对外界的事物失去了客观准确的判断。实际上当人的心灵之水泛起波澜时，通常也是人要犯下错误的时候。扰动人心的外在因素很多，而其中一种就是"爱屋及乌"，很多人一旦遇到自己特别偏爱的人，通常会做出不理智的事，犯下不该犯的错。我有个女学生，找了一个男朋友。她应该是很喜爱对方，居然写文章赞美男朋友吸烟的姿势很帅。毕竟吸烟不是好习惯，即使不去劝阻，也不应该赞赏和支持，这就是"其所亲爱而辟焉"，以致不能客观正确地看待事物，想法、做法都有些偏颇了。

很多喜欢读历史故事的人都知道"太宗怀鹞"的典故，这个典故也是"其所亲爱而辟焉"的典型例子。鹞鹰个头不是很大，飞行特别敏捷，唐太宗李世民特别喜欢这种生物。有一次，他得到一只特别好看的鹞鹰，忍不住拿在手中把玩，恰在此时魏徵到来，要与他商议朝政。李世民生怕魏徵看到他把玩鹞鹰，招惹不必要的争论，就势把鹞鹰藏进了自己的袖兜里。很不凑巧，魏徵谏议的内容就是关于

|十九| 不让过度的情绪蒙蔽智慧

如何防止人们玩物丧志的。并且，为了能够更好地引起李世民对此事的重视，魏徵从古到今，旁征博引，说了很多，也说了很长时间，李世民耐着性子与他讨论了很久。魏徵走后，李世民赶紧把鹞鹰从袖子里拿出来，没想到鹞鹰已经被活活憋死。起初，李世民非常生气，但转念一想，魏徵这么做也是担心自己玩物丧志、荒废朝政，也就释然了。从这一点上来看，李世民称得上千古一帝，也就不难理解他何以能够开创"贞观之治"。

人们总说"红颜祸水"，其实这种说法是偏颇的，根本问题还是出在当事人自身，是这个人没有很好地正心，让自己"人之其所亲爱而辟焉"。实际上每个人都有自己喜欢的人、喜欢的事，千万不要因为喜欢过度而做出愚蠢的事，成为不辨是非的人。比如，有些家庭特别喜欢孩子，往往就会过分宠溺，"人之其所亲爱而辟焉"，发现孩子成长中的问题也不去正视或者纠正，养成了孩子飞扬跋扈的性格，在家里随便顶撞父母；在外面欺侮同学，不守纪律，无法让孩子得到全面健康的成长。

"之其所贱恶而辟焉"与"人之其所亲爱而辟焉"正好相对。特别讨厌一个人，或者特别轻慢一个人时，往往也是人最容易犯错的时候。实际上被讨厌之人，不是没有优点，很多时候还有可能恰恰相反，只是心里存了偏见的人，智慧被偏见或者讨厌的情绪蒙蔽了，让他很难公正客观地看待眼前之人。《三国演义》中关羽之所以败走麦城，与他轻视他人、骄傲自大的性格有直接关系。魏蜀吴三分天下，吴蜀两家的联盟是基础。但赤壁之战后，吴蜀联盟因为荆州所属权的问题出现了裂痕。同时，曹操为了打压刘备，从中搅和，并暗中派说客拉拢孙权。这让孙权很为难，一边是刚建立政权不久的盟友刘备，一边是势力强大的曹操。此时，守荆州的关羽的态度就很重要了。恰好孙权有一子，关羽有一待嫁之女，孙权就想通过联姻的方式，使孙刘联盟更加稳固，便派诸葛瑾为使说亲。没想到关羽一听，勃然大怒，说："吾虎女安肯嫁犬子乎！"这话可太有侮辱性了，这就是"之其所贱恶而辟焉"。关羽内心对孙权、对东吴的这种轻贱，埋下了一个巨大的祸根。后孙权采用吕蒙之计夺取荆州，迫使关羽败走麦城并被擒获，最后遭到孙权的诛杀。

　　轻视他人，看不起他人，以及厌恶他人，会蒙蔽人的心智，让人看不清他人的优势，从而忽略了事物的关键所在，做出错误的决断。发自内心地敬重他人，不对他人心存"贱恶"，才有可能客观地看待他人，发现他人身上可供自己学习的闪光点，但也要谨防"之其所畏敬而辟焉"。遇到自己敬畏的人，不加分辨地盲目跟从，也是一种极端的表现。现实中就有一些人，一旦崇拜一个人，就开始贬低自我，从而失去了自我，失去了正确的见解和判断。即使他们所崇拜之人做错了事，说错了话，他们也不敢真诚地提出意见和批评，这也偏颇了。无论怎么敬爱一个人、尊重一个人都无可厚非，切不可过度，过犹不及。其实这也给一些领导者一个启示：在下级面前保有一定的威严，是工作的需要；但硬是制造出一种威严不容置疑的态度，

十九 不让过度的情绪蒙蔽智慧

不允许下级提意见,不能接受来自下级工作人员的批评,也是非常不利于团队建设的。当一个企业里或者组织中的人不能畅所欲言时,它的言路也就被堵塞了,这个企业或者组织也就很难充满活力地发展下去了。

"之其所哀矜而辟焉",怜悯之心、同情之心本是人与生俱来的良知,如果表现过度,同情心泛滥,常常也会让自己做出错误的判断,给身心带来一些不必要的伤害。社会上有些骗子,常常利用人们的同情心骗取利益。如果能让自己在保持同情心的前提下,也能让智慧发挥作用,对人对事做出客观准确的判断,分辨清楚哪些人值得同情,哪些人假装可怜博取同情,并对值得同情的人或者事施以援助,就有可能让善意成就善事。

"之其所敖惰而辟焉",一个特别骄傲、特别自大的人,很难听进去别人的建议。项羽就是一个骄傲自大的典型代表,这也是楚汉之争中他以失败告终的关键因素之一。他自视甚高、刚愎自用,根本听不进去范增的意见,好多获胜的机会被他白白浪费,最终兵败垓下,自刎于乌江边上。

《大学》的这几句话,实则指出了人们修身过程中容易出现的问题,即"亲爱""贱恶""畏敬""哀矜""敖惰"。人性当中的这些弱点,很容易蒙蔽了人的智慧,让人要么不敢真诚地提出自己的建议和批评,要么会因为特别同情一些人或者事而遭受伤害或者损失,还会因特别骄傲让自己变得愚蠢和短视，从而失去对人对事该有的客观公正。不断纠正这些毛病和改正这些问题，就是修身。通过修身，人能始终保持着中道的智慧，不会因为某种过度的情绪蒙蔽自己的智慧，从而更好、更客观地看待社会上的人和事。

| 二十 |

正心才能更好地齐家

> 故好而知其恶，恶而知其美者，天下鲜矣。故谚有之曰："人莫知其子之恶，莫知其苗之硕。"此谓身不修不可以齐其家。

　　如果非常喜欢某个人或者某个事物时，还能从中发现其缺点，以及存在其中的问题，这是一种非常难得的智慧。同理，如果特别讨厌某个人或者某个事物时，仍能看到其所具有的优点，也是一种非常难得的德行。能够做到这两点的人"天下鲜矣"，是世上少见的智慧与德行并具的人。比如，有一些家长面对自家孩子的成长教育，就无法做到"好而知其恶"。家长爱自己的孩子，本是人之常情，不管怎么爱都不为过。如果溺爱孩子，看不到孩子的缺点，看不到孩子成长中存在的问题，难以做到"好而知其恶"，孩子的问题得不到纠正和正确的引导，也就难以得到健康全面的成长。人怎么可能没有缺点？何况还是成长当中的孩子。聪明的孩子往往定力不够，有定力的孩子又往往智慧不足；学习特别好的孩子，有可能在德行上有所欠缺……喜爱一个人，更应该客观全面地看待他、提醒他，才能让他成长得更快，成长得更好。

中华传统文化博大精深，源远流长，值得每个中国人引以为豪。我们热爱它，敬畏它，并不代表它就没有任何问题。我们要清醒而诚恳地看到存在于自身的问题，才能更好地检视它，努力地改正它。有的时候，敞开自己的心扉，撕开自己的疮疤给人看是很痛苦的，但这个过程一定要有，要勇敢地面对它，深刻地认识它，诚挚地进行自我批评。越是爱我们的国家，爱我们这个伟大民族，越应该客观地看到存于我们自身的问题，好好地清除它们，忍受得了刮骨之痛才能更好地去除毒素，客观守正才能历久弥新。

"恶而知其美者"，讨厌一个事物，不喜欢一个人，但是能认识到其优点、长处，也是非常难得的。尤其是面对自己的竞争对手，没有几个人会喜欢自己的竞争对手，大多数人会带着讨厌的情绪，因为他们给我们带来了压力。但是竞争对手越强大，我们越要控制好自己的厌恶，尽可能地做到"恶而知其美"，仔细观察他们，看得见他们的优点，分析他们的优势，才能更好地照见自身的不足。只有弥补自身不足，才有可能超越他们，反过来得到他们的仰视和尊重。

一般来说，喜欢一个人时容易产生偏爱，而讨厌一个人时常常看不到他的优点，如谚语所言："人莫知其子之恶，莫知其苗之硕。"很

|二十| 正心才能更好地齐家

少有人知道自己孩子的缺点,很少有人看到自己的庄稼长得苗壮。前文中我们分析过,溺爱常使人们看不到自己孩子的缺点,还有更甚者,会把孩子缺点当成优势。比如,有的孩子欺负了别人家孩子,家长不以为耻,不批评教育加以引导,还骄傲地认为是自己孩子有本事。"莫知其苗之硕",那些看不到自己的庄稼长得好的人,往往会嫉妒邻居家的庄稼长得好,收成好。究其根本,是这些人的贪欲没有得到满足,当看到别人的庄稼长势好的时候,心里会感到难受。即使自家的庄稼长势也不错,由于他们的智慧已经被嫉妒蒙蔽了,也难以看到或者发现自身的优势。

"此谓身不修不可以齐其家",一个人修身修得不好,心有所偏,他看问题就会不能中道,不能很好地正心,智慧就会被蒙蔽。一旦智慧被蒙蔽,他就不能更好地修身,也就没有办法"齐其家"。所以,不管什么人,一定要学会正心,把心修好,修一颗公正的心,修一颗中道的心,修一颗清净的心。修得这样的一颗心,才不会在出现问题时左右摇摆没有定见;才不会因为某一种特别偏颇的情绪,把自己带入歧途。安安静静地观察这个世界,才能更好地体悟这个世界的道,从而让自己能够有智慧、有能力"齐其家"。

| 二十一 |

以一颗赤子之心治家

> 所谓治国必先齐其家者,其家不可教而能教人者,无之。故君子不出家而成教于国。孝者,所以事君也;弟者,所以事长也;慈者,所以使众也。《康诰》曰:"如保赤子。"心诚求之,虽不中不远矣。未有学养子而后嫁者也。

"所谓治国必先齐其家者",要想把国家治理好,就得先把自己的家治理好。中国古代的家庭概念,不是今天以婚姻关系、血缘关系为基础产生的几口人的小家庭,而是在农业文明环境下生成的大家族。一些大的家族、世族,人口数量庞大,是由诸多个小家庭组成,内部人际关系错综复杂,涉及方方面面的利益,以及穿插其中的各种人情世故。能把这样的大家族治理好的人,通常有着非常高的个人修为和智慧,他们有能力处理好各种关系,这其实已经为治国积累了经验,打下了基础。

换言之,"其家不可教而能教人者,无之",治理不好家的人,往往也很难把国家治理好。《大学》以此告诫治国者,要想把国家治理得井然有序、欣欣向荣,就得先把自家那些盘根错节的关系,以及其间的各种利益处理好,处理妥当。"故君子不出家而成教于国",意思是有修养的人,能把国家治理好的人,通常是在治理自己家庭的过程中积累下了治国的智慧和经验,培养出了治国才能。

那么,治国需要哪些方面的才能呢?

第一,"孝者,所以事君也"。首先,这个人要懂得孝道,要孝敬父母善待长辈。一般来说,人们在行孝的过程中培养出的是一种"事君"能力,就是对待君王的能力。中国文化所倡导的孝,不是"愚忠""愚孝",一味地听从长辈的安排,没有分辨地做长辈要求做的事,而是《中庸》里所阐述的孝,即发扬光大祖辈光辉的事业,传承祖辈树立起的自强不息、造福万民的精神。做到这些的人,通常会有一颗为国为民的赤子之心,能把领导者所倡导的好的精神和智慧传递下去并发扬光大,也能把保境安民的事业往前推进。

第二,"弟者,所以事长也"。这里的"弟"通"悌",就是要懂得尊敬友爱与自己平辈的兄弟,并处理好与平辈之间的关系,培养的是一个人"事长"的能力。具备这种能力的人,往往胸怀宽广坦荡,对人友善,懂得奉献,这为他们在治国中更好地处理同僚关系打下了基础。一个人在治国的过程中,必然面对很多同事、同僚,懂得"悌"的人拥有友善宽容的品德,这让他在处理同事关系时能够做到

|二十一| 以一颗赤子之心治家

很好地尊重他人，善于倾听，从而赢得同事、同僚的尊重与欢迎。

第三，"慈者，所以使众也"。这里的"慈"，是针对如何对待下一辈。古代大家庭当中的"下一辈"，范围比较广，除了自己的孩子，还有家里的其他人及其子女，甚至还有周边邻居的后辈。治家好的人，往往有一颗慈爱的心，他们会真心真意地爱人，爱自家的晚辈，爱别人家的孩子，诚心诚意地爱护身边的每个人。实际上一个人"慈"的养成，也是《论语》中"仁者爱人"能力的养成。这些人学会并拥有了真正慈爱别人的能力，通常会在治国的过程中以一颗真诚慈爱的心对待百姓，对待人民。

总之，"孝""悌""慈"，是人在治理家庭的过程中，应该具有的或者需要培养的三种能力。"孝"要求人继承祖辈的伟大精神，并发扬光大祖辈的事业，培养的是一个人的"事君"能力，就是对待君王的能力；"悌"要求人们对待同辈要宽容，懂得奉献，培养的是一个人治国当中处理同僚或者同事关系的能力；"慈"则要求具有慈爱别人的能力，一个人如果能够在家里养成一颗"慈"心，通常也就拥有了真心实意对待老百姓的热忱和情怀。

《康诰》曰："如保赤子。"关于这句话，有两种不同的解释。第一种解释，是告诫领导者要爱护老百姓，就像爱护自己的孩子一样；另外一种解释，是要求领导者能够有一颗赤子之心。而所谓的"赤子之心"，就是要求领导者的心不偏颇，不能任人唯亲，要中正平和，这是治理好国家的前提。想要做到这一点，领导者就要确保内心清净，有一颗客观不偏私的道心，有一颗爱人不狭隘的赤子之心。

"心诚求之，虽不中不远矣"，如果一个国家的领导者，或者一个管理者不自私、不算计，不心胸狭窄，能够带着至诚之心爱护老百姓，处理民族关系，处理国与国之间的关系，即使有时做得不是很好，可能会出现偏差，"虽不中不远矣"，这个偏差不会很大。一般来说，拥有一颗赤子之心的领导者，不见得什么事都做得完美，但至少做事出现偏差的可能性会比较小。

"未有学养子而后嫁者也"，没有哪一个人是先学会了养孩子再去嫁人的。绝大多数人是嫁给别人有了孩子之后，才慢慢学会怎么养育孩子的。其实《大学》以此喻指了人的治国与治家的关系。没有多少人天生具有治国的才能，绝大多数人的才能是在齐家的过程中，在不断处理各种复杂的家族事务中慢慢历练出来的。中国作为一个农业社会，一切文明的发展依赖于土地的开发，与同时期的其他文明古国的发展不太一样。比如，古希腊多山、临海，没有发达的农业，他们会通过海上贸易，补充自己国家粮食的生产的不足，以确保本国人民的生存与发展。中国有非常肥沃且丰饶的土地，是典型的农业文明国家，人们习惯于在一个地方定居生活，这种定居的生活方式衍生出一个个世家大族。身处大家庭中的人们，生来就要学会处理各种复杂的家族关系，甚至还要学会处理与自己家族相关联的家族以外的关系，这与治理国家有相通的地方。因此，人们齐家的过程中各种能力的培养和历练，为一个人更好地走向社会，"治国平天下"奠定了基础。

二十一　以一颗赤子之心治家

一个从中国传统的大家族中熏陶出来的人，通常有着很强的处理各种复杂关系的能力。实际上一个人怎么对待长辈，怎么对待平辈，怎么对待晚辈，决定着这个人走向社会后，处理各种关系，以及处理各种事务的方式和能力。在这里有必要做一个说明，虽然随着社会的发展，很多家族的规模也发生了变化。但家对于中华文化的发展仍然重要，人的"齐家"能力的培养仍然重要。

人一旦有了私心，做起事来就很难公正，也就很难处理好各种关系。比如，有的人喜欢儿子，对女儿不好；有的人喜欢女儿，对儿子不好；有的人喜欢老大，对老二不好；等等。带着这样的偏爱治家，很难把家治理好。无论治小家，还是治大国，有一个共同点，就是要求处于治理过程中的这个人，要有一颗赤子之心，一颗中道圆融的心，能够真心诚意地对别人好，并且公道、正直、不偏倚。这样的人，比较容易把各种关系处理周到。

|二十二|

成为社会风气的推动者

> 一家仁，一国兴仁；一家让，一国兴让；一人贪戾，一国作乱。其机如此。此谓一言偾事，一人定国。尧、舜帅天下以仁，而民从之；桀纣帅天下以暴，而民从之。其所令反其所好，而民不从。是故君子有诸己而后求诸人，无诸己而后非诸人。所藏乎身不恕，而能喻诸人者，未之有也。故治国在齐其家。

《大学》始终坚持治国者必先齐其家，想要治理好国家，先要把家里的一切事务处理好。"一家仁，一国兴仁"，如果治理国家的领导者能够在自己家里大兴仁爱之风，社会上就会兴起一股良好的仁爱之风。这里其实强调了领导者以上率下的示范作用，这是中国传统文化的特色之一，诚如孔子所言，"政者，正也。子帅以正，孰敢不正"。某企业创始人非常重视一个人正视错误的品德和能力，他认为任何伟大的公司都会犯错。犯错并不可怕，可怕的是不能正视自己的错误，不能勇敢地改正错误。当然，他是这么认为，也是这样以身示范的。据说，他因为公司的产品品控问题被处罚一百万元。他不仅如数缴纳了罚金，还在内部论坛公开认错，进行自我批评。正因为最核心的领导者有着极强的自我约束能力和自省能力，能够勇敢地进行自我批评，并以身示范，以上率下，从而在该企业内部形成了一股良好的企业风气。反之，作为企业的最高领导者，如果总是对自己犯的错误遮遮掩掩、顾左右而言他，不敢正视自己的错误，不去改正自己的错误，由他领导的企业也就很难养成正视自己的错误的风气。"一家仁，一国兴仁；一家让，一国兴让"，任何一个社会、一个组织，其关键人物的表率作用都是无可替代的。

有时候在一个组织里起决定性作用，或者起到示范作用的人未必是企业的最高领导者，有可能是其他关键人物，即"关键少数"。他们的一言一行，决定着组织的风向，他们"仁"，这个组织便兴"仁"风；他们礼让，组织便兴礼让之风。如果这些关键性人物，既贪利又暴力，往往会"一人贪戾，一国作乱"，国家就会乱，组织就会乱。武王伐纣大获全胜，归根结底，源于商纣王的暴戾、贪婪。他"斲朝涉之胫，剖贤人之心"。所以，牧野之战时，武王征讨大军兵临城下，未等发起进攻，商纣王自己的军队就当场倒戈，开始反叛，并与周武王的部队一起冲进朝歌，推翻了商纣王的黑暗统治。作为一国之君，国家的最高领导者，治国当中最为关键的人物——商纣王没有仁爱之风，不能真心实意地为人民做事，也就很难得到人民的爱戴与拥护。

| 二十二 | 成为社会风气的推动者

治国如此，治理企业也是如此。一个想要基业长青的企业，一个持续不断向前发展的企业，其企业的领导者或者关键少数人物往往有着极高的修为和德行。他们以身作则，率先垂范，在企业中形成了一股良好的、积极向上的风气，"其机如此"。我个人就有这样的观察体验，社会上那些风清气正的企业，其领导者的做事风格往往也是特别正派。反之，如果一个企业或者组织关键领导者为人出了问题，企业或者组织通常也会出现这样那样的问题。试想，领导者都不能很好地以身作则，不能遵纪守法，怎么能够理直气壮地管理别人，堂堂正正地维护组织权益呢？

任何时候，都不要小瞧关键人物的作用，他们的一言一行，往往决定着事情的走向，"此谓一言偾事，一人定国"，这里的"一人"是指君王，君王的一句话，都有可能让事情发生逆转，甚至让国家走向败局。《论语》有云："君子之德，风也；小人之德，草也。草上之风，必偃。"君子的风吹向什么地方，老百姓的脚步就会跟到什么地方。君子能够以自己高尚的德行，带动人们共同发展，使国家稳固安定。"尧舜帅天下以仁，而民从之；桀纣帅天下以暴，而民从之"。"帅"通"率"。历史上像尧舜这样伟大的领导者，莫不是用仁义道德治理天下。他们率先垂范，老百姓争相模仿，积极跟随，社会的风尚也就跟着变好。反之，夏桀、商纣王这样的君王，为人残暴不仁，让民众怨声载道，最后不得不以暴乱对抗暴政。

"其所令反其所好，而民不从"，领导者必须言行一致，如果说的和做的不一致，很难让老百姓信服，并听从他们的号令或者按照相应的规定做事。比如，领导者倡导生活简朴、勤俭治国，自己却穷奢极侈，老百姓又怎么愿意听从？曾开创文景之治的汉文帝，想要建造一个高台观赏风景，预算出来时发现需要一百金才能建成，这个数目相当于当时十户中等人家的资产总和，汉文帝听罢当场取消建筑高台的决定。不仅如此，就连去世时的陪葬用品，他也在遗诏中作了说明："厚葬以破业，重服以伤生，吾甚不取。"他认为厚葬会浪费家产，而加重服丧又会损伤人们身体，没有必要这样做。因此，他要求为他陪葬的物品中，不能有金银铜等装饰品，而是把这些金器银器留下来充实国库。

国家要想稳固发展，领导者就得有以上率下的精神，这是古代的治国之道，也是领导者的一种处世智慧，值得今天的企业家们学习实践。要想员工兢兢业业、本本分分地为企业打拼，首先领导者自己就得做出表率，真心实意地为员工着想，努力提高他们的收入，想方设法地提高他们的生活水平和质量，员工才会积极主动，从而实现上下齐心、共同发展的奋斗目标。

"是故君子有诸己而后求诸人，无诸己而后非诸人"，真正有德行的君子，都是先把自己修好了，把自己完善了，才去引导别人改变的。自己无法做到的事，任何人都没有资格要求别人做到；换言之，想要别人做到什么，以及应该做到什么程度，首先自己要能做得到，并且能够达到自己想要达到的程度。作为治理国家的领导者更应该如

二十二　成为社会风气的推动者

此，不想让老百姓做的事，自己就不能去做。试想，如果一个企业里三令五申禁止贪腐，不做违法乱纪扰乱企业秩序的事，但是高一级的领导者无法遵守，下级领导者往往也难恪尽职守。领导者嘴上一套背后一套，是很难让人心悦诚服的，也很难收获想要达到的管理效果，还会把只说不做的不良习气带给团队，影响整个团队风气的树立。治理国家更是如此，领导者应正身率下。

"所藏乎身不恕，而能喻诸人者，未之有也"。《大学》这段文字很好地呼应了孔子"己所不欲，勿施于人"的思想，不论什么人，自己不想做的事，也不要推给别人做。不懂得推己及人的人，很难真正发自内心地尊重别人，往往也很难在做事的过程中做到"己所不欲，勿施于人"。反之，懂得并做到了"推己及人"的人，才有可能很好地践行我不想做的事也不让别人做的精神，才能更好地引导别人，引导整个社会风气。

一个社会的风气，一个企业的风气，一个团队的风气，往往取决于各种因素，领导者身上闪现的风气、折射的精神是其中至关重要的。不管时代如何进步，不管社会怎么发展，关键人物的作用，或者领导者率先示范的作用都是不可取代的。有抱负的人，想成就一番事业的人，要记住《大学》这段内容阐述的道理，只有自己具备了什么样的品格，才能要求别人做到什么样子；希望社会有什么风气，希望自己所在的团队有什么样的精神风貌，自己首先就得达到相应的标准和要求。反之，自己都无法达到自己想要的样子，只是一味地

《大学》的人生感悟

要求别人做到，往往会事与愿违，难以达成，整个组织或者团队也就很难朝着自我期待的方向发展。有抱负、有担当的人，一定要率先垂范，成为社会风气的推动者和塑造者，社会才能更好地向前持续发展。

| 二十三 |

齐家是成就自我的基础

《诗》云:"桃之夭夭,其叶蓁蓁。之子于归,宜其家人。"宜其家人,而后可以教国人。《诗》云:"宜兄宜弟。"宜兄宜弟,而后可以教国人。《诗》云:"其仪不忒,正是四国。"其为父子兄弟足法,而后民法之也。此谓治国在齐其家。

"桃之夭夭,其叶蓁蓁。之子于归,宜其家人。"这句诗出自《诗经·周南》中的《桃夭》篇,意思是盛开的桃花如此美丽动人,绿莹莹的桃叶生长旺盛,生机勃勃。谁家娶来的姑娘,她的德行光芒四射,使得整个家族幸福和睦。"宜其家人,而后可以教国人",能把自己的家人给教化好的女子,往往也能够对国家的社会风气起到很好的教化作用,这一点对于伟大的领导者来说尤其重要。一个人在齐家的过程中,妻子的角色非常重要,如果能够娶到内外兼修的女子,可以润物于无声中,会使整个家庭充满祥和之光。这样的女子,不仅能够承担起家庭内部的所有工作，安排好一家人的日常生活，还能肩负起教养下一代的责任，为家庭、为社会培养出有用的贤才。作为一国之君主，如果娶到有很高德行和修为的女子，这女子往往能够母仪天下，既能以宽厚博爱的胸怀协助君主维护江山社稷的和谐稳定，又能以圆融中道的处世方式为天下的母亲作出表率，从而教化国人，引领社会风气慢慢变好。

一般来说，孩子的成长与教育是家庭生活中非常重要的一环，往往决定着一个家庭的未来，而母亲的德行和修为通常决定着她的教育方式。如果母亲的德行和修为比较高，她就能够很好地把家庭中优秀的传统和风气传承下去，让孩子得到健康全面的成长。实际上在现实中，我们绝大多数人受母亲的影响要比受父亲的影响大得多，至少我个人是这样的。我的母亲是一个非常平凡的农村妇女，她的德行是我终生努力学习却又一直无法超越的。她无论跟任何人打交道，总能处处为他人着想。我如今的很多做事方式，多少得益于母亲日常为人处世的态度和方式。

古今中外很多伟大的人物，都有一位伟大的母亲。当代世界著名华人侦探李昌钰，每次提起自己的母亲，总不免感慨母亲对他的帮助及影响。他的父亲去世得早，家里生养的孩子又比较多，所有生活的重担都压在他母亲一人身上。他母亲一边到别人家帮佣维持生活，一边对子女进行严格的家庭教育，希望孩子们都有一个好的未来和出路。即使孩子们长大成人，有了不错的工作，她还会担心他们贪图安逸、不思进取，常常劝说鞭策。李昌钰时常对人夸赞，是他母亲为他指明了人生的方向，引领着他不断前行，使他成长为一个更好的人。

世上那些伟大的母亲，以自己高尚的德行和修为，熏陶和感染了无数伟大优秀的孩子，成为各自行业里的脊梁。很多人很小的时候就听过"孟母三迁"的故事：家住墓地附近的孟子，喜欢跟人学哭拜，孟母就把家搬到了离集市很近的地方，没想到孟子很快跟着别人学做买卖；最后，孟母把家安在了学堂旁边，孟子便开始跟着学堂的学子们学习礼仪了。孟母的三次迁居，既拓宽了孟子的视野，也为孟子的成才奠下基础。可见，母亲对于一个人成长的重要性。

"《诗》云：'宜兄宜弟。'宜兄宜弟，而后可以教国人。"《大学》在这里先引《诗经·小雅》中《蓼萧》篇的诗句"宜兄宜弟"，其后再次重复了这句话，就是为了强调"而后可以教国人"的思想。"宜兄宜弟"本意指兄弟间的和睦。前文我们多次讲到，古代家庭并非现在的小家庭的概念，而是要上升到家族之上，兄弟的范畴也不仅限于亲兄弟，还有堂兄弟、表兄弟等其他同辈关系的人。在古人看来，一个在家里能令兄弟和睦的人，通常有着不错的德行，他们能谦让，肯助人，并且乐于奉献，这样的人一旦到了社会上，就会带动更多的家庭走向和睦。

"《诗》云："其仪不忒，正是四国。""这是引自《诗经·曹风》中的《鸤鸠》篇，意思是在自己家里非常注重仪态仪容、行为端正的人，往往会为人正派，处事公道，也很容易在社会上树立公道正派的形象，引领社会的风气。"其为父子兄弟足法,而后民法之也",这样的一个人,如果在家庭生活中,无论是为人父,还是为人子,抑或是为兄、为弟,都能够备受家人的赞赏与敬爱,是家人效法的楷模;到了社会上,不管身负何种身份,身担何种角色,他都能很好地承担起社会的责任,尽心尽力地为人民做事,成为老百姓效法的典范。

一般来说,能在家里孝敬父母、敬爱长辈的人,往往也能以一颗赤子之心对待国家。在清代小说家钱彩以岳飞为原型编写的传奇小说《说岳全传》中,有"岳母刺字"的故事情节,这固然是文学作品的表现手段,却也从一定程度上反映出"孝"对中国古人的影响。这或许就是真实的岳飞,也正是因为他能够在家中非常敬重自己的母亲,能够认真聆听并遵循母亲的教导,才能够做到在面对奸臣的诬陷时,坚持初衷不改,以致为此牺牲性命,为中华后世子孙树起了一个伟大的忠臣形象。

"此谓治国在齐其家",这是《大学》针对"宜其家人""宜兄宜弟""其仪不忒,正是四国"这几句话做出的总结。意思是一个人要想把国家治理好,就得先齐其家,就是能够先把自己的家治理好。而在治家过程当中积累起来的经验,锤炼出来的才能,能够很好地应用到治国的过程中。治理好国家,造福了百姓,也成就了自己。

| 二十四 |

要懂得做人做事的规矩

> 所谓平天下在治其国者：上老老而民兴孝；上长长而民兴弟；上恤孤而民不倍。是以君子有絜矩之道也。

中国传统文化当中所倡导的"平天下"，不是用武力去征服别人，而是以德行赢得天下人的赞许与认同，是"明明德于天下"。而"明明德于天下"的前提，就是要把自己的国家治理得特别好。年轻的威尼斯商人马可·波罗随父来到中国，在这里生活了很长一段时间，于晚年返回意大利后，时常回忆起在中国的生活。① 于是，他根据在中国的所见所闻，写成了《马可·波罗游记》，书中描述的中国富足与繁

---

① 关于马可·波罗是否真的来过中国，史学界一直争论不休。一个比较有影响力的说法是马可·波罗其实从未到过中国，只是根据别人的见闻和一些传说虚构了一本游记。——编者注

荣、昌盛与文明，得到了西方很多国家的仰慕和向往。这就是"明明德"于天下，在征服别人的过程中，丝毫没有动用武力，而是通过把自己的国家治理好的方式，赢得别国的赞赏和认同。

"上老老而民兴孝，上长长而民兴弟，上恤孤而民不倍，是以君子有絜矩之道也"，《大学》再次强调了关键少数人物和居高位者的表率作用，及其在组织当中的不可替代性。他们是表率、是导向，推动着企业或者社会的发展，引领着社会风气的走向。治家也是如此，树立一家家风的关键人物，往往是这个家庭的父亲或者母亲。如果他们正派睿智、宽容孝敬，孩子通常会效仿，并由此变得通达大度、智慧圆融，家庭的良好风气也由此树立。

这里的"老老"，是孝敬老人的意思。"上老老而民兴孝"，旨在提醒社会上的关键人物，如果能够很好地做到尊重长者、敬爱老人，这种尊长敬老的高尚品德和精神，很容易会传递到民间，让人争相模仿，在社会上形成风气。"上长长而民兴弟"，那些居高位的人或者关键人物，如果也能做到兄友弟恭、友爱同辈，往往也会引起老百姓的效仿，形成一个互相尊重爱护、包容理解，能够积极沟通的社会风气。同理，"上恤孤而民不倍"，如果领导者特别爱护弱者，能够真诚地关注鳏寡孤独人群，往往也能在社会上兴起悲悯之风，树立帮弱扶困的优良社会风气。

炎黄二帝逝去几千年，可他们的精神历千年不逝，依然能得到今天人们的称颂，这就是他们对人们的长久影响。我的博士后导师张岂之先生认为，黄帝是中华民族的精神支柱和精神起点，是我们中华民族永远都不可取代的精神符号。他认为抗日战争时期，在中华民族遭遇危难的时刻，之所以有很多人自愿到黄帝陵前祭祀，并不是出于迷信和功利的目的，而是寻求能够奋发，可以使中华民族重新站立起来，抵御外侮的精神力量。中华民族一定要倍加爱护自己的精神符号，爱护自己的文化基因，把它作为凝聚中华民族的一个精神支柱，更要坚定把炎黄精神继承与延续下去的信念，把传承、弘扬和发展民族文化，当成自己的责任与使命。

一个组织中关键人物的作用是不可取代的，他们的德行、智慧和修为，往往决定着一个组织的做派和风格。反之，作为领导者，如果不能"上恤孤而民不倍"，没有成就事业的雄心壮志，不能励精图治，步子走歪了，这个组织也就很难有希望持续下去。

所谓上行下效，就是领导怎么做，下面的人就会学着怎么做。一个国家最核心的人物没有斗志，不能发愤图强，不能带着一腔热血为国为民拼搏奋斗，国家也就很难有强大起来的可能。鲁定公起用孔子为大司寇，是非常明智的举动，在孔子的协助之下，鲁国渐渐有了良好的发展趋势。如果鲁定公是个智慧的人，就会更加放心地把政务交给孔子打理，将这种发展趋势持续下去。可是，齐国担心鲁国强大之后对自己不利，就派人送来大量的香车美女消磨鲁定公的斗志，没想到鲁定公真的上当了。他开始疏远孔子，沉迷酒色，致使孔子愤而出走，周游列国十几年。

《大学》的人生感悟

"是以君子有絜矩之道也"。要想治国平天下，就得率先垂范，为他人做出表率。而想要做成一个组织的表率，就得修好自身，要"老老""长长""恤孤"等，要符合《大学》明德的规矩。这里的"絜"，是度量。而"矩"是专门用来画方形的工具。而所谓"絜矩之道"，就是老百姓口中的"没有规矩不成方圆"，要求做人做事要讲究规矩。"老老""长长""恤孤"就是人们做人做事应该坚守的规矩。中华民族在道德教育方面，或者在教人做人做事方面，不仅仅停留在理论和思想上，还有一套行之有效的具体方法，比如，要孝敬长辈、友爱同辈、帮扶孤寡等。

有抱负的年轻人，内心会升起一个愿望，要努力做成社会的中流砥柱，并通过自己的行为，成为大家尊重和学习的模范，从而能够影响更多的人。当社会上越来越多的人有了这样的意识，并努力去实践时，我们的社会就会变得越来越好。

|二十五|

把自己做成他人行事的典范

> 所恶于上,毋以使下,所恶于下,毋以事上。所恶于前,毋以先后。所恶于后,毋以从前。所恶于右,毋以交于左。所恶于左,毋以交于右,此之谓絜矩之道。

上文中我解释了"絜矩之道"的概念,它是规矩,是行之有效的做事方法。实际上任何一个道理,如果没有行之有效的操作方法和量化的标准,就是空中楼阁,好看不好用,甚至不会产生任何价值。好的理论指导,再加上行之有效的方法,才能让理论发挥作用,才能一代接一代传承。这一段文字就是《大学》为人们行事立的规矩和方法,就像上文的"老老""长长""恤孤"。但也有不同,"老老""长长""恤孤"倾向于内求,是关于一个人如何对待自己的家人;这段文字则侧重于一个人如何对外,就是如何在社会立足。

首先,什么是"所恶于上,毋以使下"?大多数领导者,是上有领导者监管，下有可管理的中基层管理者或员工，而所谓的"所恶于上，毋以使下"，就是提醒所有的领导者，自己讨厌什么样的上级领导，就不要以同样的方式对待下级的管理者或员工。比如，一个中层管理者为某项工程做了很多工作，只是某个环节还没有处理妥当，就在公司的管理会议上被他的上级领导批评指责，心里会感到很委屈、很难受。这个时候他就会思考，自己给部门开会时，绝不会像上级领导这样蛮横不讲道理，不懂得尊重别人，看不到别人的付出和辛苦，不顾及别人心里的感受，只盯着问题和不足。同理，"所恶于下，毋以事上"，要想自己的下级管理者兢兢业业、务实肯干，自己先要端正自己的行为，不奴颜婢膝，媚上欺下，能够踏踏实实地做事。

总之，面对自己的上级时，不要总是装模作样地搞形式主义，做表面光彩的工作；面对自己的下级或员工时，要懂得尊重，倾听纳谏。反之，面对上级领导，卑躬屈膝，阿谀奉承，不做实事，可又希望自己的下级不要像自己一样欺上瞒下，能够真诚地对待工作，恪尽职守做些实事，这是很难的。既然自己喜欢上级领导宽容民主，自己对待自己的下级管理者或员工时，就要做到公平公正，把自己做成他人的典范。

"所恶于前，毋以先后"，工作当中难免会遇到继任者，也不可避免要做工作的交接，以何种方式对待自己的前后任，也有一定的规矩。比如，非常讨厌前任留给自己一个烂摊子，把很多矛盾积累到自己这里。那么，在自己即将卸任离职，调离原来岗位时，就要把所有

|二十五| 把自己做成他人行事的典范

事务处理得干干净净，不要让接任自己工作的人面对太多的交接困难。还有，如果特别讨厌接任自己工作岗位的人把交接工作中的很多问题都推到自己的身上，还四处散布自己工作不称职的言论和信息。那么，当自己接任前任工作时，也应尊重他的工作成果，客观公正地评价其遗留问题，即"所恶于后，毋以从前"，就是不论对待前任或者后任，都应客观理性。见不得前任的好，往往就会有继任者对自己产生恶意。

"所恶于右，毋以交于左。所恶于左，毋以交于右"，《大学》在本文中从一个人如何处理上下级开始，论及如何对待前后任或者前后辈的关系，再谈一个人应该如何处理横向关系。"所恶于右，毋以交于左。所恶于左，毋以交于右"，就是如何面对自己与周围人的关系。这些人有的是自己家中的同辈，有的是周边邻居，还有的则是工作中的同事等，他们与自己身份地位对等。要想处理好与这些人的关系，就要懂得"己所不欲勿施于人"的道理，自己能够做得好、做得到的事，才能让别人去做。实际上，不论处理哪种关系，都应该有"推己及人"的思想和意识，就是自己不喜欢什么样的人，就不要成为这样的人；自己做不到的事，也就不要期待别人可以做到。诚诚恳恳地尊重他人，爱护他人，才能得到他人的尊重与爱护。

很多人想成为受欢迎的人，社会上也有很多讲述方法的书和相关知识，列举一条条行事标准，看似清晰有效。但是，不从自我出发，再科学完美的条文都难以落地生根，发挥它应有的效用。而《大学》

中"絜矩之道"的思想，就是要求人们先从自身开始，不假外求，让自己讨厌的事，自己不去做，也没理由让别人去做；自己期望看到的事，自己就先尝试着做起来，做到了，做好了，才能让别人去做。按照这个方式持续下去，慢慢地就会获得周围人的喜欢和欣赏，并会影响周围的人发生改变。

不论什么人，要想成就一番事业，就得先从自我出发，把自己做成他人的典范。不要总想着，他对我没有这么好，我为什么要对他好？这样的思想一旦建立，就会陷入"先有鸡还是先有蛋"的恶性循环之中，形成一种自我对立，永远无解。从己出发，以善为始，善待身边的每个人，不对他人做要求，不期待别人以"好"回报。只对自己立下行事的准则，以此影响并引导身边的人发生变化，这是中国传统文化，也是《大学》提供的行之有效的个人修身的方法。

| 二十六 |

得民心者得天下

《诗》云:"乐只君子,民之父母。"民之所好好之,民之所恶恶之,此之谓民之父母。《诗》云:"节彼南山,维石岩岩;赫赫师尹,民具尔瞻。"有国者不可以不慎,辟则为天下僇矣!《诗》云:"殷之未丧师,克配上帝;仪监于殷,峻命不易。"道,得众则得国,失众则失国。

"乐只君子,民之父母",出自《诗经·小雅》的《南山有台》篇。所谓的"乐只君子",指那些快乐的君子。个人修为达到很高境界的人,他们能使天下太平,受老百姓拥戴。这句话的意思很简单,直译过来就是那些快乐的君子,真是老百姓的父母。中国古代的人们,会把那些优秀的领导者,称为"父母官",这其实蕴含了两层意思。首先,说明了领导者对百姓生活的影响大。一般来说,管理一方的领导者的政治水平、修为见识,往往决定着这个地方的发展,影响着当地

121

百姓的生活水平。其次，也是人们对于领导者真心为民的一种热切的期待。不见得世上所有人都能孝敬父母，但鲜有不真心对自己孩子好的人。因此，所谓"父母官"，实则是人们对领导者全心全意为人民服务的一种期盼和愿望。

"民之所好好之，民之所恶恶之，此之谓民之父母"，像君子一样伟大的领导者，他们会真心实意为老百姓办事。老百姓喜欢什么，想做什么，他们就去做什么；老百姓讨厌什么，厌恶什么，他们也会非常清楚，尽量不去做这些事。他们好人民所好，恶人民所恶；他们善于倾听人民的声音，充分反映人民的意愿，践行了人民的诉求，把为人民做事作为自己的最高价值。

"节彼南山，维石岩岩；赫赫师尹，民具尔瞻。"这句话出自《诗经·小雅》中的《节南山》篇，它的意思是：高大挺拔的南山，山势非常险峻；赫赫有名、地位显赫的太师尹氏，你可要注意，老百姓都在看着你呢。《诗经》以"节彼南山，维石岩岩"起兴，描写出终南山的高大险峻，而后过渡到身处国家高位的人，旨在提醒那些位高权重的人，要谨言慎行。他们的一言一行关乎天下安危，一举一动也尽在老百姓的眼中。他们任何政策上的失误，都有可能是祸国殃民的根源。因此，"有国者不可以不慎"，任何一个身处高位的人，一定要有"战战兢兢，如履薄冰，如临深渊"的态度，毕竟一言一行一个决策，都关乎着整个国家的命运。

如果居高位者的一言一行，每个政策的制定，不是从百姓利益出发,不是真心实意地为百姓好,而是为了满足个人的私欲,则"辟,则为天下僇矣"。这里的"僇"通"戮"。治理国家的领导者,如果私心过重,不能为人民谋福祉,无法把国家治理好,很容易遭到百姓唾弃,甚至受反叛者的杀戮。一般来说,那些诚心诚意为社会打拼,真心地把为国为民,把为官一任造福一方当作终生追求的人,才适合当官,治国平天下。反之,那些内心私欲非常强的人,往往在为官期间把公权力私用,损害了广大人民的利益,损害了国家的权益,为自己的人生埋下"为天下僇矣"的祸根。

"殷之未丧师,克配上帝;仪监于殷,峻命不易",出自《诗经·大雅》中的《文王》篇,意思是殷商的君王在没有丧失民心的时候,他们的德行还比较符合天道的标准和要求。商朝建立初期,治理国家的领导者,诚心诚意地为人民做事,为人民谋福祉。可到了商纣王时期,纣王骄奢荒淫、残暴无道,也不理朝政,渐渐背离了一个政治家该有的责任和使命,致使武王伐纣,商朝灭亡。"仪监于殷,峻命不易",这是值得引以为鉴的历史教训。

"道,得众则得国,失众则失国",所谓的治国之道,就是得民心者得天下,要得到人民的拥护和拥戴。反之,无法获得民心,得不到人民的支持与拥戴,让百姓心生厌恶,国家将难以稳固,慢慢走向败亡。这揭示了人类政治文化里一个最为核心的思想,任何政权的合法性皆来自人民,"得众则得国,失众则失国"。

由此可延伸到企业中。企业欣欣向荣的根本在于"得众",得民心。这里的"众"有两个方面含义：第一是客户，是消费者，如果企业的客户，或者消费者对企业的商品和服务不满意，企业很难走得长远；第二是员工，企业的员工要支持企业的发展，拥护企业领导者的领导。一个企业一旦得到了这两个"众"，就很容易拥有广大的市场，获得持续稳固的发展。反之，客户不满意企业的产品和服务，产品销售不出去，企业就很难产生利润；员工不认可，随时想跳槽，企业就会分崩离析。

"道，得众则得国，失众则失国"，这句适用于任何人，包括很多知识分子。要著书立说，重要的不在于著说之人写了多少本书，或者写了多少字，而是他写出的内容有没有反映人类的大智慧，有没有超越时空的价值，有则"得众"，可得世人流传，过千年仍然被人们诵读学习。就像《道德经》，仅几千字的内容，至今已有两三千年的历史，仍然被人们津津乐道，学习和借鉴。究其根本，在于这本书对推动人类社会的发展具有积极意义，是人类文明智慧的结晶。

|二十七|

立德才是立世的根本

> 是故君子先慎乎德。有德此有人，有人此有土，有土此有财，有财此有用。德者，本也；财者，末也。外本内末，争民施夺。是故财聚则民散，财散则民聚。是故言悖而出者，亦悖而入；货悖而入者，亦悖而出。

一个有抱负、有使命感的人，想要做成一番事业，应该如何做呢？《大学》这段文字给出了可供借鉴的具体指导方案："是故君子先慎乎德"。德行才是成就一个人事业的根本。换言之，一个人想要盖好自己人生的高楼，先要把"德行"的地基打牢固，建设好。

检验一个人是否具有良好的"德行"，具有成就一番事业的基础，是有迹可循的，可以观察这个人在日常生活中的表现。一般来说，那些不管遇到什么样的考验，都能清楚地知道自己应该怎么面对，如何化解的人，是可以做成大事，成就一番事业的。比如，无论身处何等位置，拥有怎样的权势，他们都不会贪赃枉法，不会徇私舞弊，不会践踏法律的底线。因为他们有德行，知道"权为民用"，权力要用于为人民做事。无论生意做得多好，赚了多少钱，他们都能做到不克扣工人工资，不投机钻营。因为他们有智慧，知道自己财富的积累离不开企业员工辛辛苦苦的努力和奋斗。这样的一些人，还会热衷于做慈善，积极地投身公益事业，愿意把更多的精力和热情，投注在弱者身上。无论身处什么样的处境，他们总能坚守初衷，不迷失人生的方向。

德行是人生活在这个世界上的基本保证。"有德此有人，有人此有土，有土此有财，有财此有用"，德行特别好的人想要创业，便会有人主动来投奔支持他，这即是"有德此有人"。彼此心情舒畅、齐心勠力，很快可以打开整个市场，为共同的事业奠下基础，即为"有人此有土"。拥有了市场，产品顺利地销售出去了，企业有了利润，大家的生活都得到了改善，就是"有土此有财"。当财富积聚到一定的程度，便可做出更多的事，把更多贤才志士聚拢在自己身边，众志成城、上下同心，从而做成更大的事业，惠及更多的人，造福更多的人，这就是"有财此有用"。只有德行到达了一定高度的人，才能把社会上的贤者能人聚拢起来，尤其那些侠肝义胆的贤德人士，愿意跟随在德行更加高尚的人的身边，听从他们的号召与指挥，团结起来形成一股更为强大的力量，共同努力开创一番更大的事业。反之，心胸狭窄、无端猜忌，任何事都以自我为中心的人，是很难把人团结在身边，与自己共事的。

"德者，本也；财者，末也"，个人开创事业的过程中，固然离不开财富的积累，但是不能把积累财富当作立世的根本。无论对于一个国家，还是对于一个人而言，其成事的根本都在于立德。人们选拔人才时，总希望招聘上来的这个人，能够德才兼备，但一定要注意，"德"要立于"才"前面。一般来说，一个人的才能如果不够，但是德行特别好，这样的人仍然可以聘用；反之，如果这个人才能很大，但他的德行不行，这样的人最好不要聘用。当一个人德行有亏时，他的才能越大，带来的危害往往也就越大。不管是要开创一番事业，还是企业要选拔合适人才，都要注重德行的培育。德才是一切的根本，不能本末倒置。

"外本内末，争民施夺"，如果领导者不把立德放在首位，放在很重要的位置上，而是把钱财看得高于一切，与民争利，必然会遭到人们的唾弃，甚至还会因为过度逐利导致家破人亡。比如，仗着自己手中掌握着的一些权力，不断地为各个亲属创造经商便利，这就"外本内末"了。不懂得重视德行，把钱财看得过重，"争民施夺"，过度地为自己的家族谋取私利，必然招致人民的怨恨，导致灾殃，累及家人，祸及家族。

"是故财聚则民散，财散则民聚"，如果领导者或者企业家把钱财看得比什么都重要，就很难聚集贤者与他一起谋求发展；即使小有成就，如果不提升修为，提高德行，初时聚集起来的民心也容易慢慢散掉。无论一个国家，还是一个企业，聚集起来的人心散了，人气散了，国家就有可能分崩离析，企业也将难以持续地发展下去。财是流动的，把它花出去才能更好地再次生财。当然这个"花"不是毫无意义的浪费，而要花得有价值，花得有意义，要花在为人民造福的过程中。如此一来，国家才能得到百姓更多的拥护，越来越稳固；企业才会得到更多人的支持，越来越多壮大。

国家发展到一定程度，公共财政有了良好的补给和保障，更要学会花钱，把钱花在国家的发展建设上。比如建立更多的学校，让更多人接受教育，并且是好的教育、优质的教育。养育孩子不仅是家庭的责任，更是国家的责任、社会的责任。国家的教育事业发展起来了，孩子培养好了，国家才能持续地蓬勃向上，一代才能更比一代强。

"是故言悖而出者，亦悖而入"，那些常常说话没有分寸、不讲理的人，往往也会遭遇别人无理的对待；"货悖而入者，亦悖而出"，如果赚了不该赚的钱，这些钱往往也会莫名其妙地散掉、损失掉。比如，有人以不正当的手段为自己谋取了万贯家财，一旦东窗事发，他不仅身陷囹圄失去自由，那些本不属于他的非法获得的财产，也都会被没收。

孟子说："爱人者，人恒爱之；敬人者，人恒敬之。"人这一辈子，要努力做一个讲道理、对人很温和谦卑的人。自己能够以客客气气的方式对待别人，别人才能以客客气气的态度对待你。这是人们成就事业的前提，也是自我成长的根本。

/ 二十八 /

如何区分贤人与小人

《康诰》曰："惟命不于常。"道善则得之，不善则失之矣。《楚书》曰："楚国无以为宝，惟善以为宝。"舅犯曰："亡人无以为宝，仁亲以为宝。"《秦誓》曰："若有一个①臣，断断兮无他技；其心休休焉，其如有容焉。人之有技，若己有之；人之彦圣，其心好之；不啻若自其口出，实能容之，以能保我子孙黎民，尚亦有利哉。人之有技，媢疾以恶之；人之彦圣，而违之俾不通；实不能容，以不能保我子孙黎民，亦曰殆哉！"

《大学》再次以《康诰》中的命令为引，阐述了治理国家的根本途径及方法，对于今天的人们，尤其在各个行业中做管理的领导者而言，仍然具有很好的借鉴意义。《康诰》曰："惟命不于常。"《康诰》告诫人们，天命并非永恒不变、终生如一，它随时可变。"道善则得

---

① 个，朱熹认为《尚书》中作"介"。——编者注

之，不善则失之矣"，只有坚持奉行善道，才能符合天命，受天道的保佑。受到天道保护的人，就会有好命；受到天道保护的家族，就能"道善则得之"，欣欣向荣。反之，"不善则失之矣"，如果不奉行善道，为人不善，那就不符合天命的要求，无法受到天道的保护，个人会有灾殃，家族就会走向没落，走向败亡。

《大学》为了突出"善"的价值及意义，接着引出一则《楚书》的典故进行佐证："楚国无以为宝，惟善以为宝"，楚国没有什么宝贝，但是以善人为宝。这是一句总起句，是《楚书》的著作者为引出后面的故事进行的铺垫，讲述的是楚昭王派王孙圉出使晋国的事迹。在晋定公的接待宴上，大臣赵简子为彰显晋国的富有，故意把身上佩戴的玉石弄出很大声响，并极其傲慢地问王孙圉，楚国的"白珩"与他身上这块佩玉哪个价值更高。面对如此直接的挑衅，王孙圉并没有直接回答，而是不卑不亢地作了一大段陈述，他先抛出"未尝为宝"的观点，而后说出心中真正的宝物，就是他们楚国从不把金玉之类的身外之物当作宝贝，而是把观射父和倚相这样一些品行端正、道德高尚的人当成国家至宝。

王孙圉借由宝物之论道出了治国的一个大智慧，国家如果没有一批德才兼备的人才辅佐，早晚会走向衰弱，甚至灭亡。国家都不存在了，那些珍珠玛瑙、金银、玉石之类的宝物，又怎么可能完好无损地供自己拥有并使用？为国家开疆拓土的贤德高尚的人，才是国家真正的宝物。"有人此有土"，治理国家的政治家、领导者，如果不懂得

二十八 如何区分贤人与小人

人才的培养与储备，也是非常危险的。个人能力再强大，管理水平再高，一旦退出历史舞台，如果没有后备的力量，没有相应的继任者或者接班人，往往也会陷入"其兴也勃焉，其亡也忽焉"的尴尬境地。所以，伟大的政治家及其领导者，在治理国家的同时，会格外注意人才的培养和储备，尤其对于接班人与继任者的培养，会倾注更多的心血。当国家整个人才梯队培养起来了，国家才能不断地发展壮大，欣欣向荣。

舅犯曰："亡人无以为宝，仁亲以为宝。"这里的舅犯，是指晋文公重耳的舅舅狐偃，字子犯。晋文公流亡在外期间，重耳的舅舅狐子犯一直跟随在他身边，尽心尽力辅佐他。晋文公的父亲晋献公，晚年听信宠妃骊姬的话，杀死太子申生，并另立奚齐为太子，致使晋国动荡不安。晋文公重耳担心自己步申生后尘，为躲避祸患流亡到秦国。晋献公去世时后，晋国内部更加动荡不安，重耳的两个弟弟先后继承王位，均遭致大臣杀戮。秦穆公想协助重耳另外一个弟弟夷吾登上王位，又担心身在秦国境内的重耳返回晋国抢夺王位，便派人假借吊丧之名试探重耳有无夺权的意图。幸好重耳的舅舅在，提醒他："丧人无宝，仁亲以为宝。父死之谓何？又因以为利，而天下其孰能说之？"逃亡在外的人没有什么值得看重的，父母双亲的恩情才是至关重要的。父亲身故本身是一件令人悲痛欲绝的事，怎么能够借机谋取私利。重耳瞬间醒悟，并以此转告秦穆公。秦穆公听完使者的汇报，大赞重耳为人仁厚，并心生好感，这也让重耳躲过一劫。

"亡人无以为宝，仁亲以为宝"，《大学》化用了晋文公舅舅子犯"丧人无宝，仁亲以为宝"这句话，也顺承了《楚书》王孙圉何为"宝"物的思想。这里的"仁亲"，并非仅指具有血缘关系的家人亲属，其范围更广，也包括那些跟随左右、尽心竭力辅佐自己的人。这样的人，同样是人生命中的珍宝。尤其是当自己身处生命最低谷，尚在流亡不定中，那些愿意点拨自己、协助自己渡过难关的人，更是自己生命中最为珍贵的宝物。重耳是幸运的，他找到了生命中的至宝，就是离开了父母之邦，那些坚持跟随身边，真心辅佐他，并以个人性命护卫着他平安的人。与其说重耳的舅舅是智慧的，深悉人才的重要，莫若说重耳本身的德行高，能够听得进忠言，分得清轻重，也懂得爱护并珍惜极力辅佐成全他的人。

《大学》先引《康诰》阐明了心存善意，身行善行，可让一个人得天命。再借《楚书》王孙圉的典故论述了人才对于治理国家的重要性，并借由舅犯之口，论证了"仁爱亲人"的意义及价值。不论是治理国家，还是发展个人事业，懂得爱惜人才固然重要，但是无法区分哪些是可奉为珍宝的贤德能人，哪些是嫉贤妒能的奸佞小人，也很难达成所愿。为此，《大学》引出《秦誓》的一段文字："若有一个臣，断断兮无他技；其心休休焉，其如有容焉。人之有技，若己有之；人之彦圣，其心好之；不啻若自其口出，寔能容之，以能保我子孙黎民，尚亦有利哉。"就是有这么一个人，他没有突出的才能，可是他的心胸如大海一样宽广，非常博大。他待人宽容豁达，看到特别有才能的人，就像他自己拥有了这样的才能一样的开心，一点儿也不嫉妒，尤其看到那些德才兼备的贤者，他会发自内心地喜悦，并积极、真诚地亲近他们。那些德才兼备的人所说的很多很好的建议，也仿佛出自他的口一般，让他信服；别人做出的许许多多利国利民的事，他也犹如自己所做一般，感到自豪。像这样宽容大度的人，幕天席地、明月入怀，能够保佑国家安康，百姓幸福。

《秦誓》在这段文字当中所描述的这种人，是德行修为特别高的人，他们真心实意为国家打拼。尽管自己没有突出的治国才能，但是他们心胸宽广，没有成见，还特别能够欣赏真正有才能的贤者。一旦国家有了合适贤者志士发展的机会，他们会真心诚意地推荐这些贤者志士，成全贤者志士，发挥其所能。即使这些贤者志士后来发展得比他们自己还好，拥有了比他们更加出众的地位与权力，他们也不会心生嫉妒。他们胸怀之大，气象之大，足以坦然面对万事万物，能够真心实意地站在国家的角度去举荐贤才，为国家所用，这是非常了不起的，是国家真正的"瑰宝"，值得珍惜与爱护。

相反，"人之有技，娼疾以恶之；人之彦圣，而违之俾不通；实不能容，以不能保我子孙黎民，亦曰殆哉！"这里的"娼"，是嫉妒的意思。这种人心胸非常狭隘，面对那些有才能的贤德人士，很容易生出嫉妒和厌恶的情绪，会想方设法地打压他们；更不可能举荐贤德之人，还会想方设法阻止他们接触君王，让他们的才能无法发挥和施展。这样的人，不仅不会保国家安康、黎民幸福，往往还会做出祸国殃民的事端，置国家于危难之中。

《秦誓》这段内容对于人们区分贤人与小人具有很好的借鉴意义，同时也在用人方面给人们一些启发：第一，要用有才能的人，把有才能的人聚集在一起，才能让组织有希望、有未来。第二，要多用心胸宽广、愿意成就他人的人，尤其选用管理岗位的人时，更应恪守这一原则。不管哪个层面的领导者，不可能事事都比别人强，如果"媢疾以恶之"，没有海纳百川的品德，就很难做到唯才是用，唯德重用，让有能力的人有上升的空间和发展的机会。

心胸宽广，乐于成就他人，才能更好地人尽其才，把每个有才能的人都能放到最适合的岗位上历练和发展。这样的领导者能更好地把有才能的人聚拢起来、团结起来，与之形成一股强劲的合力，共同推动着事业不断变大变强。

| 二十九 |

德智兼备才能更好地用人

> 唯仁人放流之,迸诸四夷,不与同中国。此谓唯仁人为能爱人,能恶人。见贤而不能举,举而不能先,命也;见不善而不能退,退而不能远,过也。好人之所恶,恶人之所好,是谓拂人之性,灾必逮夫身。

《大学》先引《康诰》,阐述了领导者为人的根本,再借《楚书》探讨了什么才是一国之宝,其后借舅犯之口分析了"仁亲"的思想,最后通过《秦誓》教人们区分何为小人,何为贤人。而本文这段文字则是对上文的延伸及补充,阐述如何用好人。如果进一步展开,就是如何对待人们喜欢的贤人,如何对待祸国殃民的奸佞之人。

"唯仁人放流之,迸诸四夷,不与同中国",有德行、有智慧的领导者,一旦遇到奸佞的恶人,通常会把他们驱逐流放到边远的地方,不让他们留在政治中心，破坏清明的政治环境，造成恶劣的影响，危害整个国家的治理和发展。"此谓唯仁人为能爱人，能恶人"，一般而言，仁德的圣者才会爱惜贤德的能臣，厌恶奸佞的小人。《大学》的这句话，实则蕴含了一个管理的大智慧。一个连爱人和恶人的能力都没有的人，也很难有识人之明，区分不出贤人与小人，也就很难用好人。在古今中外的历史长河中，有多少伟大的领导者因为没有识人之明，致使用人失误，亲小人远贤人，将国家置于危难之中？因此，能做到"爱人"与"恶人"的人，不仅有着常人没有的大智慧，往往也是大公无私的仁德之人，有着非常强的辨别是非的能力，能够清晰地识别出贤能与奸佞。

所谓的"仁人"，就是智慧和德行兼具的人。光有德行没有智慧，很难把人看得清楚。而光有智慧没有德行，心里容易藏私，被私心杂念干扰，往往也会做出不正确的选择。智慧与德行兼具，才能不从个人的好恶出发，而是从整个事业的大局把关上，把人看准，用得恰当，让每个人在他该在的位置上，尽其所长，发挥所能。智慧是能把人看清楚的能力，德行是能用贤者的胸怀。那些奸佞的小人无论用多少漂亮的语言伪装自己，在这些有智慧、有德行的人面前都无处遁形。他们洞若观火，能把一切看得一清二楚；他们心无杂念，大公无私，能爱人所爱，恶人所恶。

"见贤而不能举，举而不能先，命也"，这里的"命"，是怠慢的意思。如果领导者见到真正的贤才，见到德才兼备的人，不能举荐

二十九　德智兼备才能更好地用人

提拔，就是一种怠慢。而举荐提拔人才以后，又不能把人才用到该用的位置上，让其发挥所长，也是一种怠慢。《大学》这段文字蕴含着两层含义：第一层是作为领导者能不能发现真正的人才，第二层是任命有能力的人之后能不能信任对方，让其人尽其才，发挥所能。如果做不到这两点，就是对人才的怠慢。同理，"见不善而不能退，退而不能远，过也"，领导者无法发现那些品德或者德行有欠缺的小人，把他们从团队剔除出去并远离他们，还在私下里接近，干扰了正常的管理，就会给整个组织，或者社会带来极大的危害，这是领导者的过错。历史上有多少领导者，因为"见不善而不能退，退而不能远"，喜欢近小人、远贤者，给自己，也给国家带来了不可弥补的祸患。

"好人之所恶，恶人之所好"，如果领导者喜欢的人或事物都是人民所讨厌的，而讨厌的人或事物又恰恰是人民所喜欢的，就说明领导者站在了人民的对立面上。"是谓拂人之性"，违背了人民的意愿，或者背离了人民的心声，与人民为敌，必然会大祸临头，"灾必逮夫身"。不管哪个时代，不管什么样的政治形态，国家的领导者如果不能奉行人民至上，不能倾听人民的声音，不能和人民同甘共苦，必然会被人民唾弃。

作为领导者，一定要有开阔博大的胸襟，能容下德智兼备的人才。"打铁还需自身硬"，要想做到这一点，就要不断地提升自己的德行和智慧，让自己心中清净光明，给自己一双慧眼，才能有能力看清一个人的本质，更好地识别贤者与小人。唯才是用，只有把能用之人用在合适的位置上，才能有能力远小人亲贤德，构建起一个充满浩然正气的组织团队。

|三十|

拥有忠信的品德

> 是故君子有大道：必忠信以得之，骄泰以失之。
> 生财有大道：生之者众，食之者寡，为之者疾，用之者舒，则财恒足矣。仁者以财发身，不仁者以身发财。未有上好仁而下不好义者也，未有好义其事不终者也，未有府库财非其财者也。

《大学》在最后这一部分文字当中，再次强调了治理国家大道的根本和关键："是故君子有大道，必忠信以得之"，要想成为治理国家的能手，得到人民的拥护，成为一名优秀的领导者，首先就得拥有忠信的品德。反之，"骄泰以失之"，若是骄傲怠慢、骄奢淫逸，很容易失去人民的信任与拥护，由"骄泰"之人治理的国家往往不得长久，会被百姓唾弃。诚如《道德经》所言，"以正治国，以奇用兵，以无事取天下"，真正懂得治理国家的人，往往深悉"忠信"。而这里的"忠"，既是"忠心耿耿"的"忠"，也是"忠诚"的"忠"。这个字的构字方式也特别有意思，其上一个"中"字，其下一个"心"字，充分道出了人们在思考问题以及做事时所应保持的态度及原则，就是无论何时做何事都要把"心"摆在中间。当一个人把"心"摆在了中间，他在思考问题时才会"中"，在做事时才会公道正派。也才能在管理国家的过程中维持中道。比如治理国家时，不仅要发展经济，还得繁荣文化，同时也要兼顾对环境的保护；城市发展得好了，农村也得欣欣向荣起来；东部城市建设搞上去了，西部的发展也要跟上来……这对一个国家的管理者提出了一个很高的要求。国家的领导者任何时候都应"以正治国"，做任何事都要力求不偏不倚，维持中道，让国家的各项事业得以均衡发展。除此之外，还须诚心诚意地对待老百姓，对待协助自己治理国家的所有管理者，才能"忠信以得之"，得到众人的拥护。反之，领导者如果骄奢淫逸，为人骄傲怠慢，致使各级管理者离心离德，从而失去民心，遭到人民的厌恶唾弃，国家就会走向衰落败亡。

"生财有大道：生之者众，食之者寡，为之者疾，用之者舒，则财恒足矣"，要想实现国家的富裕安康，就要"生之者众，食之者寡"，让大多数人成为财富的创造者、生产者，而让纯粹消费的人减少，让游手好闲的人减少。这从一定的角度提醒我们，想要国家财富获得真正意义的增长，还得重视实体经济的发展。中国注重实体经济的发展，强调金融服务于实体经济的发展方针是非常明智的。金融应该扶持实体经济更好地发展，但经济不能过分依赖金融。如果反过来了，人们都热衷于短期牟利，期待着一夜暴富，就会导致经济的泡沫化。除此以外，还要"为之者疾，用之者舒"，让人们创造财富时勤奋，消费用钱时慎重，"则财恒足矣"，国家财富就会越来越多，并且慢慢地富裕起来。

"仁者以财发身"，有德行的人要把创造得来的财富，或者把自己拥有的财富用在思想精神的建设上，用在自己的德行和修为的提高上。改革开放几十年以来，我国经济飞速发展，取得了巨大的进步，于是有了更多的资金发展文化教育，让整个民族的精神境界以及文化素养都得到提高，这就是"以财发身"。与之相反，"不仁者以身发财"，没有德行的人拼命赚钱，把积累财富当成做人做事的第一标准，为了达到目的不择手段，甚至以失去生命为代价。

"未有上好仁，而下不好义者也"，如果治理国家的领导者特别有仁义、有德行，就能在管理国家的过程中充分展现出正确的价值观，在日常的言谈举止中充分体现出领导者良好的德行与风范。由这些"好仁"的领导者领导的各级管理者，以及由他辖制下的老百姓，就很少有不讲道义的。一般来说，身处上位的领导者给了人们什么样的表率，人们就会表现出来什么样的状态，领导者以仁义著称，人们就会争相效仿，整个团队往往也是仁义友善、和谐互助的，充满一股积极向上的正气。治理国家的领导者，或者拥有一定社会地位的人，通常属于社会中的关键少数者，理应养成一种道德的自觉，肩负起领导者该有的责任，展现出领导者特有的风范，引领社会风气正向发展。

关键少数者的一举一动会对青少年产生不小的影响力。比如，当红演员的发型衣饰，往往引起影迷的追捧效仿，乃至影响社会风尚的变化及走向。所以，他们也应担负起一定的社会责任，对自己负责，对喜爱自己的人负责，展现出公众人物应有的风范与德行，让自己的"德"与拥有的"位"相匹配。

"未有好义，其事不终者也"，如果居上位者特别讲道义，做事过程中半途而废的情况就会很少。实际上一个特别讲诚信的人，一个追求道义的人，一旦做出承诺，往往能够做到有始有终，让事情有个圆满的结局。"未有府库财，非其财者也"，治理国家的领导者，一定要有大格局，不要把那些蝇头小利放在心上，更不要与民争利。让天下的老百姓过得安稳，生活得特别富足，才是治国者应该做的事，也是对治国者最大的福报。

国泰民安，理应成为治国者的最终目标；人民安乐，理应成为为政者的最高信念。

| 三十一 |

不与民争利的根本

> 孟献子曰："畜马乘，不察于鸡豚；伐冰之家，不畜牛羊；百乘之家，不畜聚敛之臣；与其有聚敛之臣，宁有盗臣。"此谓国不以利为利，以义为利也。长国家而务财用者，必自小人矣。彼为善之，小人之使为国家，灾害并至，虽有善者，亦无如之何矣。此谓国不以利为利，以义为利也。

孟献子说的这段话非常有技巧，他以"畜马乘"为始，及至"百乘之家"，层层递进把自己想表达的核心思想充分展示了出来。首先，所谓的"畜马乘"，指的是那些官至大夫的人。这样的人家已经能够养得起马匹，如果还要看重眼前一鸡一猪般的蝇头小利，会遭世人诟病。怎样做才好呢？要"不察于鸡豚"，就是不要再去和民间的百姓争利了。其次，所谓"伐冰之家"，是更高一级的人家，指那些在丧葬时能够用得起冰块的卿大夫之家。古代没有冰箱，但祭祀需要牲畜类的祭肉，如果恰逢夏季，祭祀之物很容易就会腐臭，因此需要用到冰，而在那时能够用得上冰的家庭，也绝非普通人家。这样的人家"不畜牛羊"，也就是不屑于饲养牛羊赚钱谋利。最后的"百乘之家"，就是家里边拥有一百乘马车的贵族或者诸侯，这样的人家"不畜聚敛之臣"，即坚决不养搜刮民脂民膏的家臣。"与其有聚敛之臣，宁有盗臣"，如果家里边真有了搜刮民脂民膏的小人，还不如养一些不欺压老百姓，仅偷盗自家财物的家臣。

这里所谓的"畜马乘""伐冰之家"，还有"百乘之家"，喻指了社会上大富大贵的士族大家，是居上位者，或者拥有一定社会地位的人。《大学》借用孟献子这段话，其实强调了为政者"人民至上"的价值观。为政者，尤其居上位者，不应该在意一些蝇头小利，要有大格局，要心怀天下，宁可让自己的小家产生一些损失，也不能让百姓的利益因为自己的小家庭利益受到折损，更不能欺压百姓，搜刮民脂民膏。"此谓国不以利为利，以义为利也"，治理国家的领导者，要把道义当成最有价值的追求，不能以谋求私利为目的。可见，中国古代的贤者圣人，很早就认识到了过分追求利益给社会发展带来的危害，因此特别强调人的责任感和使命感，以及道义至上的价值观。

在孔子看来，道义不仅比金钱、名利重要，甚至比生命都重要，为此他曾发出"朝闻道，夕死可矣"的感叹，这是中华民族最宝贵的价值观之一。实际上像动物一样只知道吃喝的"人"，不是真正意义的人，要从动物意义的"人"，成长为一个堂堂正正、真正的人，其重要的标志就是心中有道义。一个国家最高的价值观，绝不是追求利益，而是追求道义。治理国家如此，治理企业同样如此，如果一个企业家把眼前的利益看得比什么都重要，忽略了对员工的关怀，不注重对社会的服务，不认真对待客户的评价，企业也很难发展起来。

"长国家而务财用者，必自小人矣，彼为善之"，作为治理国家的领导者，如果把利益看得很重要，身边就会聚集一些小人，很容易受到小人蛊惑做出错误的决定。决策错误，出现了问题，不能单纯地归结于小人身上。究其根本是决策者自己出了问题，没有树立起正确的价值观，不懂得重视道义，不懂得构建信念和理想。这样的领导者很容易任用居心叵测的小人，甚至把小人提拔到重要的位置上，"小人之使为国家，灾害并至"，往往会导致灾祸，给整个国家带来重大损失，置国家于危难之中。此时，再重新任用一些贤德中正的人挽救危局，恐怕也是"虽有善者，亦无如之何矣"，往往也会因为恶的局面已经形成，而让继任者无力回天。

清末，为政者自私贪婪，不惜与民争利，为了达到骄奢淫逸的生活，大肆搜刮民脂民膏。秉持保守狭隘的治国思想，采用闭关锁国的治国政策，致使国家长处黑暗之中，如井底之蛙般眼界狭窄，看不清未来发展大势，也跟不上世界发展的潮流。

"此谓国不以利为利，以义为利也"，《大学》在本篇中两次使用这句话，强调了治国、立国的根本，不是利益，而是道义。实际上任何一个国家的崛起，都不是单纯依赖外在的武器与装备，而是依赖信仰与精神，思想与文化。一个民族的心灵世界，一个民族的精神世界，以及一个民族的信念，才是一个民族最有生命力的地方。

后记

非常感谢大家阅读此书，在即将结束此次阅读之旅之际，有几句话与大家共勉：

第一，《大学》的主题是讲人。《大学》这本书对人性的认识，对如何提高人的修为，如何不断地完善自己，所作出的分析和指导，令人常读常新，具有超越时空的价值，永远都闪耀着智慧的光芒。

第二，《大学》为人们提供了一个不断超越人生的方向，就是"明明德、亲民、止于至善"的"三纲"。人与其他生物相比较，其高贵之处就在于，人的生命不是被规定的，而是可塑造的。其他生物不是，它们生活在一个被规定的环境里，其生命轨迹由遗传基因决定。尽管人也受环境、基因等因素的影响，但人的成长还取决于自我的觉知，可以后天生成。觉醒的人，会通过不断完善、不断升华，实现着自己，超越着自己，净化着自己，从而实现自我人生的"明明德于天下"。

第三，《大学》为人们不断地完善自我的德行和智慧，提供了切实可行的操作方法和修行阶梯。人人都有一个做"好人"的愿望，也愿意被他人尊称一声"好人"，但要想真正成为"好人"，达到"好人"的标准，就需要不断地提高自我的德行和修为。怎么才能提高自我的德行和修为，做一个有智慧的"好人"？《大学》为人们提供了非常实用又易于操作的方法及途径，就是"格物、致知、诚意、正心、修身、齐家、治国、平天下"，以及"絜矩之道"等。这些具体的方法，对中国的道德教育，乃至对人类的文明发展做出了巨大的贡献，值得今天的我们重视，并深入地学习和借鉴。

第四，《大学》为我们每一个人提供了正确的价值导向。首先，要"善"，要"止于至善"，在为人处世的过程中要有利他的思想，并且能够践行这种思想。《大学》认为，天地源源不断地把光和能量奉献出去生养万物，却没有任何索求，它无怨无悔。人也应学习天地自然这种无私的精神，怀一颗利他、为大众造福的心，并在这个过程中成就自己。尤其作为治理国家的领导者，更应该树立起以"人民为中心"的价值观，正所谓"得众则得国，失众则失国"，伟大的领导者一定是全心全意为人民做事的人。

第五，《大学》还为领导者、管理者提供了识人用人的方法。比如，教大家如何区分贤人与小人，如何人尽其才，如何把人用到最该用的位置上等，《大学》为人们作出了非常具体细致的分析，提供了可供参考的样本。在这个过程中，《大学》不惜笔墨，格外强调了人才的重要性。实际上，完备的法律法规需要由人来制定和完善，也由

后　记

人来实施执行。此外，一切外在的技术或者制度，也是需要通过人来发挥作用。因此，人才是一个国家、一个企业，或者一个团队真正的宝藏。

总之，阅读经典的意义，不仅在于某个片段的断句，某一个字词的读音和文字的表面释义，而应关注其文字背后所渗透出来的道、智慧和规律，以及对人类社会产生的永恒价值和意义——是否能够指导人们的个人成长，让人们的生活越来越好。

当然，我所解读的《大学》，是基于我本人阅读中国经典，或者阅读《大学》后的体会，是我个人对它的理解。或许有些地方的解读并不恰当，或者不符合您内心的原有认知，也希望多批评，多指教。更欢迎您大胆地提问，我们共同讨论，诚如孔子所言，"君子和而不同"，人类的文明就是在不断地碰撞融合之中更好地发展起来，并持续地发展下去的。